JN218093

\ ここから、やってみて！／

介護リーダー

仕事が必ずうまくいく

7つの勘所

髙口光子

GET!

中央法規

はじめに

この本を今、手に取っているあなたは、どんな人なのでしょう。

介護リーダーをはじめたばかりで
何から手をつけてよいか迷っていますか？
介護リーダーを引き受けたものの
どうも自分には無理かもしれないと不安になりはじめましたか？
介護リーダーを続けてきたけれど
何もできないままで、深く落ち込んで、苦しいですか？
介護リーダーの仕事はできるはずなのに
どうにも言葉にならなくて、まとまらないままですか？

私は、そんなあなたがつぶれないための力を手渡したいと思いながら、
介護リーダーの育成・研修・指導を仕事にしてきました。
なぜ、そう思ったかというと、
お年寄り（利用者）の介護で大切なことは、
「私は自分らしく生きていきたい」という
お年寄り一人ひとりの生きる意欲・元気・笑顔であり、
これを引き出すには、
「私は自分のやりたい介護をしたい」という介護職一人ひとりの
介護を仕事とする意欲・元気・笑顔しかないからです。

このことを「人と人との相互性」という言葉で私は学んできました。
お年寄りの「自分らしく生きていきたい」という主体性は、
介護する人の「自分のやりたい介護をしたい」という主体性と
出合うからこそ引き出されることです。

この、介護職一人ひとりの
「自分のやりたい介護をしたい」という思いを引き出し、
一緒に考え、言葉にして、仲間を求めて、続けていかなければ、
お年寄りの「生きる意欲」を引き出し、支えることはできません。
これが介護の仕事に必要なマネジメントです。

今、あなたが戸惑ったり、不安になったり、苦しいのは、
介護現場に求められるマネジメントを知らないからです。
知っていても、整理できていないので、言葉にならないのです。

介護職の主体を引き出し、支え、
チームとしてまとめて動かすためのマネジメントを
段階的に一つひとつ積み重ねるように取り組まないと、
いずれ介護リーダーはつぶれていきます。

介護リーダーがつぶれないために、
マネジメントの具体的項目と考え方・やり方を7つの勘所として
確認できる段階=ステップをもって、ここにあなたに伝えます。

「自分らしく生きていきたい」という主体性を支えるための
介護をマネジメントするためには、
介護リーダー(あなた)の
「自分のやりたい介護」(=私の主体)が必要です。
どんなに未熟で弱々しくても、
まずは「自分のやりたい介護」を言葉にして、
介護リーダーの一歩を踏み出してください。

私は介護職の心からの「自分のやりたい介護」を信じて
この本を書きました。
まずは、ここからやってみてください。
必ずうまくいきます。
この勘所は、決して負けない介護リーダーの歩みになるはずです。

2024年8月　髙口光子

もくじ

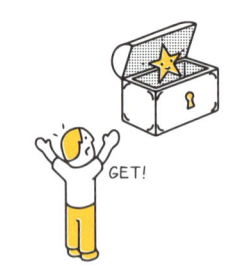

GET!

第 **1** 章

勘所ことはじめ

第 **2** 章

介護リーダーの仕事
7つの勘所

START

第 **3** 章
介護リーダー
お悩みQ&A

勘所ことはじめ

GET!

よい介護をするために、まずは自分を整える

　介護の基本は、「自分がされて嫌なことは人にはしない」です。だから、自分を見失っている（＝自分が整っていない）と、介護はできません。介護の現場では、この状況を「もう私、いっぱい、いっぱい」「無理、無理」「もうダメ」と表現しています。こんなときは、自分を整えてからでないと介護を続けられません。

　自分を整えるというのは、<u>自分が自分の外側と内側に問いをもつ</u>ということです。

①自分の外側：社会的位置づけを整理すること

例 法的位置づけ→最低基準を守っているか

　　組織での位置づけ→報告・連絡・相談をしているか

　　職能のもつ責務→介護職として、やるべきことをやっているか

②自分の内側：心で思うこと・頭で考えていることを整理すること

　思うこと：私は、この介護が

　　　　　　気になるのか、気にならないのか

　　　　　　好きなのか、嫌いなのか

　　　　　　やりたいのか、やりたくないのか

　考えること：何のために、誰のための介護なのか

　①・②を自分で自分に問いかけながら、まず、自分に向き合い、整えていきます。できれば尊敬できる上司や信頼している先輩、一緒に頑張っている仲間と話しながら整理できるとさらによいでしょう。

図1 介護の基本

自分がされて嫌なことは人にはしない

↓ 自分があるから介護ができる

自分が整っていないときには、介護はできない

↓ 自分を見失っていては介護が続けられない

自分を整える

↓ 自分の外側と内側に問いをもち、向き合う

介護ができる、続けられる

図2 自分の外側と内側の整え方

自分 ↗ **外側（外的環境）** ＝ 社会的位置づけ・法律・組織・職能を整理する

↘ **内側（内面世界）** ＝ 自分自身（主体）→思い・考えを整理する

2 プロの介護を実践する

プロの介護とは、以下の状態が保たれていることを指します。

1．お年寄りと「人としての関係」が日常を通じて育まれている

物や数ではなく、人としての関係がお年寄り（利用者）と介護職の間になければ、対人援助にはなりません。人としての関係を育むためには、その人に合った具体的な生活行為を行う（一緒に食事をする、一緒にオシッコ、ウンコを心配する、一緒にお風呂に入る）ことが必要です。その行為からよい体験（おいしいね、スッキリしたね、あたたかいね）が生まれ、よい関係が育まれます。私たちはその人にあった生活行為を一緒に行うことを「個別ケア」と呼びます。

2．介護の継続性が保証されている

介護職が法律を守っているので、お年寄りに触れ、介護することができます。組織があるから、勤務を組むことができます。チームがあるから、行き詰まっても関係を交代することができます。このように、法律に守られ、組織やチームで介護にあたるので、継続して介護を提供できるのです。これが、家族の介護とは異なる点です。

3．お年寄りを最期まで見届けることができる

お年寄りの人体のみではなく、人生にかかわり、最期までを引き受けます。一度つないだ手は離さないという姿勢をもって、自分のやりたい介護をやり遂げることが必要です。

図 プロの介護とは

①「人としての関係」が日常(食事・排泄・入浴)を通じて育まれている
②継続性が保証されている
　・組織基盤がある　・法的根拠がある　・チームがある
③責任をとる、最期まで見届ける
④チームで介護にあたる
家族の介護にはない①〜④があるからこそ、プロとして料金をいただける

プロの介護は1人ではできない。チームで行う

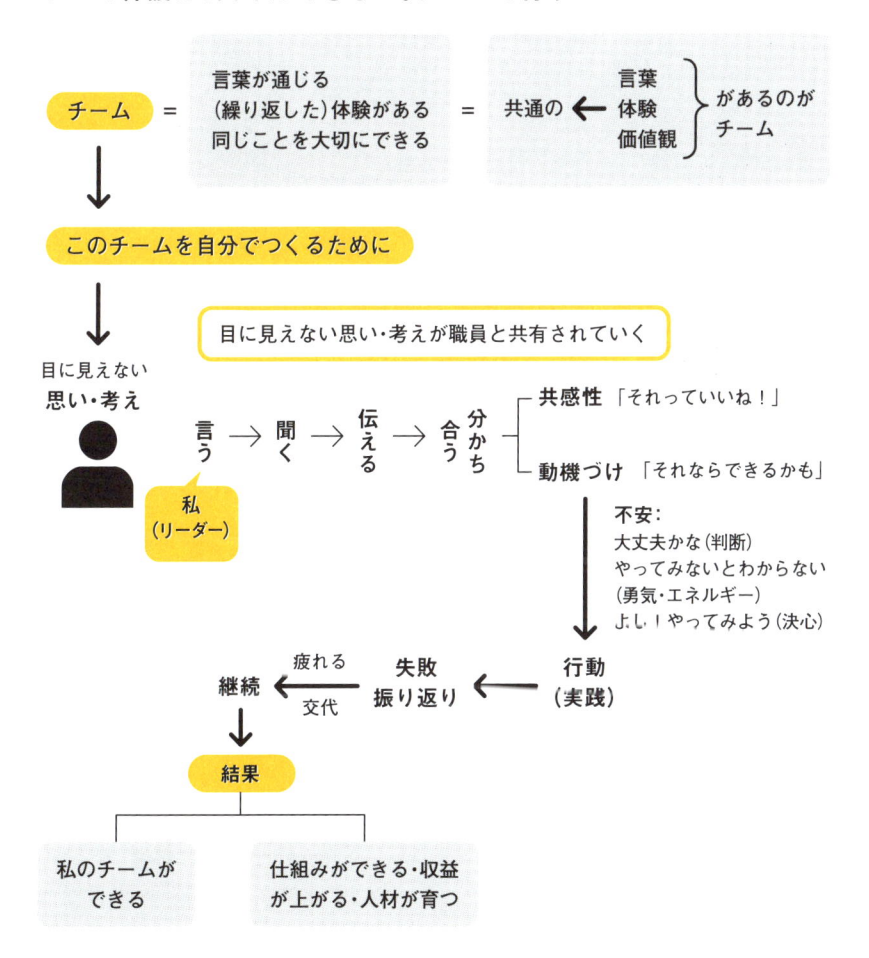

4．自分の思い・考えを発信して、チームをつくることができる

　自分の思い、考えがあり、それを言葉にして、聞き手を得て、もう1歩踏み込んで伝え、相手とともに互いに分かち合う（「それっていいね」＝共感性、「それならできるかも」＝動機づけ）ことが大切です。

　想いを形にするときには「大丈夫かな……」と不安になります。その不安を乗り越えるために必要な「やってみなければわからない」という勇気（＝エネルギー）は、先に得た共感性・動機づけを分かち合った人がいるので、「私は1人じゃない」と思えるときにもつことができます。たとえ行動が失敗につながっても、2度と失敗しないように努力をする。そして、疲れたときには助けてくれる仲間がいる。こうして仲間とともにやりたいケア（＝よいケア）を継続した結果、共通の言葉・体験・価値観で育成されたチームができあがるのです。

ことはじめ
③ 生活の場における 介護リーダーの役割

1 なぜ、よい介護ができないのか

　介護現場では、職員一人ひとりが思いや考えをもち、お年寄り（利用者）に対してやりたい介護を話し合い、介護の方向性を1つに決めてチームで共有します。しかし、それを具体的に実務（実際に行う具体的な仕事）として整理し、指示を出して、その結果に責任を取る人がいないと、お年寄りにチームで考えた介護は届きません。その役割を果たす立場が介護リーダーです。

　職員は誰だって「よい介護をしたい」と思っています。最初から悪い介護をしたい人はいないはずです。しかし、ときに介護の現場では「なんだかうまくいかない」「頑張った人だけが傷つく」「お年寄りに気持ちが届かない」と悲しくなり、不平・不満が溜まって、チームがバラバラになっていきます。さらに事態が悪くなると同じような事故や虐待が続き、次々と職員が辞めていきます。

　一人ひとりは「よい介護をしたい」のに、なぜうまくいかなくなるのか。この問いをもって、改めて自分のチームをみてみると、チームや集団になったとたん、職員一人ひとりの力がうまく発揮できていないので、よい介護になっていないことがわかります。そして、うまく発揮できない理由は、そのチームや集団に「リーダー」がいないからだということに気づくでしょう。このように介護リーダーが不在だと介護の質が低下し、お年寄りは生きがいを失い、職員もやりがいを見失ってしまいます。

2 介護リーダーの役割

　私たちの仕事は24時間、365日絶え間なく続きます。その中で、チー

ムや集団として「よいケア」を実践していくためには、スタッフそれぞれの思いや考えをリーダーという存在が引き出して、認めて、整理して、命令系統や報告・連絡・相談をしっかり整えた組織づくりが必要となります。その第1段階として、チームをまとめる「介護リーダー」を引き受ける人の存在は欠かせません。

表 **介護リーダーがチームとともに、やりたい介護をやり通すための展開**

1 介護リーダーや介護職が「思いや考え」(=やりたい介護)を言葉にできるための研修、学習を計画する
介護職が「思いや考え」をもっても、言葉にしないと相手(お年寄り・家族・チーム)に伝わらない

2 話し合い、申し送り、面談、面接、会議、記録などの仕組みをつくる
「思いや考え」を相手に伝える場や機会が必要

3 話し合って決まったことを組織・チームに示す

4 決まったことを具体的な実務として展開するための段取りを立てる

5 これからの取り組みが、理念に合致しているか上司とともに確認する

6 指示、命令を言葉と文章にして伝える
介護に取り組み、よい結果が出たら、それはチームの力である
悪い結果となったら、私(介護リーダー)の責任である(=覚悟)
→命令とは責任をもって、信頼を託すということ

7 結果を確認する(=責任をとる)
お年寄りにやりたい介護が届いているかどうかを確認する
→責任をとるとは、最後まで見届けるということ

ことはじめ 4 自分のやりたい介護・やりたくない介護を明確にする

1 自分のやりたい介護・やりたくない介護を書き出す

自分のやりたい介護（よい介護）とやりたくない介護（悪い介護）を次頁の表を参考にして、書き出してみてください。そして、チームや仲間に示してください。

リーダーとともにやりたい介護をやる、やりたくない介護はやらないということが、一緒に動くチームや仲間にとって、理解、納得、共感できる内容であればあるほど、職員はいきいきとやる気をもって、チームとして介護に向き合うことができます。

2 介護リーダーの仕事

介護リーダーになると、組織から次のような仕事を担う役割（権限）が与えられます。

介護リーダーの役割（権限）＝ 7つの勘所

1 業務を組み立てて、指示を出す
2 会議に参加して、決定事項を実行
3 勤務表を作成する 4 就業規則を使いこなす
5 記録を活用する 6 申し送りを見直す
7 面談を実施する

役割（権限）があるといって、介護リーダーが偉（えら）いわけではありません。やりたい介護をやり通すために、またはやりたくない介護をやらないために、介護リーダーの役割（権限）をどのように行うのかで、そのリーダーの価値が決まります。介護リーダーは、一緒に働くチームや仲間のために役割（権限）を果たします。

やりたい介護・やりたくない介護の例

やりたい介護（よい介護）

- おいしい食事を一緒に食べる介護
- 気持ちのよいお風呂にゆっくり入っていただける介護
- オシッコ、ウンコがしたいなと思うとき、安心してトイレでスッキリと排泄できる介護
- 介護する人も介護を受ける人も、誰の心も身体も縛らない介護
- 人体だけではなく、人生まで支える介護
- お年寄りだけではなく、家族や職員も笑顔になれる介護
- どれだけ重度の人でも選ばない、断わらない、見届ける介護
- 生きていける、生きていってもいいと思える、生きる力を引き出す介護
- 歳をとり、体は不自由で大変だけど、ここであなたに出会えたのは本当によかったとお互いが思える介護

やりたくない介護（悪い介護）

- 汚物処理、人体洗浄、栄養補給だけが作業として行われる介護
- 急ぐ、慌てる、否定する、言うことをきかせる、思いどおりにさせるといった調教・飼育のような介護
- 介護する人が、心も身体も疲れ果ててしまう介護
- 何もかも1人で背負って、ひとりぼっちになって自分を責めて、介護なんかしなければよかったと思ってしまう介護
- 手間のかかる人を断る介護
- 介護する人が自信と誇りをもてず、成長できない介護
- 生まれてこなければよかった、死んだほうがマシだと思わせる介護

自分のやりたい介護（よい介護）とやりたくない介護（悪い介護）を文章にして書き出し、チームや仲間に示す。

自分のできること・できないことを把握する

　自分のできること・できないことを文章にして書き出してみてください。これをする意味は、自分のできないことを数えるのならば、自分のできることも同じように数えてほしいからです。

　介護リーダーになると、「私はアレもできない、コレもできない」と、自分のできないことばかりに気づくときがあります。自分ができないことを分析して、できるようになるために意欲をもって、段階的に目標を達成して、その結果、成長へとつながるのならば、何の問題もありません。ところが、初級リーダーは、自分のできないことに一旦気づいてしまうと、そのことばかりにとらわれて、あげくには「自分なんか全然ダメ」「どうせ無理だから……」「できるわけがない」とさらに自分を追い詰めてしまいます。真面目な介護リーダーほどこのような傾向があるようです。これでは、リーダーはつぶれてしまいます。リーダーがいなくなったら、職員のやりたい介護はお年寄り（利用者）には届かなくなります。リーダーがつぶれてはなりません。

　介護リーダーはリーダーを引き受け、今日まで続けてきたのですから、何もできないということはありません。できないことを克服するには、できることから少しずつはじめていくしかありません。自分のできることを自分でみつけて、できることを実際にやってみましょう。

　これを自分自身に対して行わない介護リーダーは、チームの職員を育てることができません。職員のできないところばかりを指摘して、できるところが見えていないリーダーの下で働いても職員は成長しません。自分のできるところをみつけられるからこそ、他の人のできるところにも気づけるのです。自分のできること・できないこと両方をとらえられるリーダーになってください。

ことはじめ 6 実力を発揮するために、働きやすい職場環境をつくる

1 実力を発揮するために必要なこと

介護リーダーの実力を発揮するためには、次の3点の重なりを大きくすることが必要です。

①介護職またはリーダーとして自分ができること——能力・スキル（ことはじめ5）

②自分自身がやりたいこと——希望・夢（ことはじめ4）

③自分が、組織・チームから望まれていること——使命・役割

①の自分ができることの自己評価と上司からの評価にズレや違いがあれば、説明を受けましょう。②の自分のやりたいことは上司に伝えて、共通の目標にします。そして、③の組織やチームから望まれていることは、納得できるまで上司から直接聞くようにします。

2 働きやすい職場環境をつくる

介護リーダーが実力を発揮するためには、次の職場環境が必要です。

・リーダーのできること、できないことが正しく評価され、できることがもっと上達して、できないことは克服できる研修体制があり、人材育成が実践されている。

・リーダーの思いを上司に伝えられる面談が定期的に行われ、上司とともに目標をつくり、上司がリーダーを支援する仕組みがある。

・リーダーの成長につながる、人事制度、役割分担、組織からの指示が明確にある。

これらを併せて、リーダーが働きやすい職場環境といいます。実力を伸ばすことも大事ですが、そもそも実力が発揮されなければ、お年寄り（利用者）にその実力（＝ケア）は届きません。

図 実力を発揮するために必要なこと

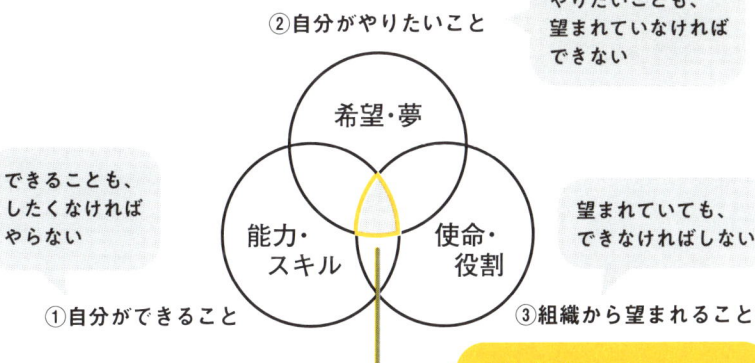

②自分がやりたいこと

やりたいことも、
望まれていなければ
できない

希望・夢

できることも、
したくなければ
やらない

能力・
スキル

使命・
役割

望まれていても、
できなければしない

①自分ができること

③組織から望まれること

自分ができることを
やりたいと思い、それを組織が
支持することで実践となり、
お年寄りにケアとして届く

**3つ重なったところが
あなたの実力発揮(＝実践)です**

重なりが小さい場合は実力が発揮されていないことを意味する
重なりを大きくして実力を発揮するためには、何が必要か？

職場環境をよくする

働きやすい職場とは
＝
3つが重なったところを大きくするために、以下が機能している職場
①正しい評価に基づく研修体制があり、人材育成が行われている
②部下が上司に相談できる体制(面談など)があり、共通の目標がもてる
③本人の成長につながる人事制度がある

7 介護リーダーを続けるために生活習慣を整える

1　生活習慣を構成する3要素

　実力を発揮し、介護リーダーとしての役割を果たすためには、プライベートも含めた日常生活が安定していることが必要です。その基本が生活習慣を整えることです。

　生活習慣を整えるポイントは、①自分との関係（自分の心と体を大切にする）、②特定の人との関係（大切な人を大切にする）、③不特定の人との関係（社会的交流を大切にする）に注目することです。

　①②③のバランスがこわれると、生活習慣が崩れていきます。生活習慣が不安定になると「幸せ」ではなくなります。

　生活習慣が崩れて、日常生活が暮らしにくくなれば、改善に向けて行動しなればなりません。①であれば、自分の心と体が安定するために、病院に行く、もしくは休職して療養する、②であれば、家族と話し合う、一緒に過ごす、離れてみる、③であれば、上司に相談する、仲間と話し合う、退職するといった行動を起こします。

2　3要素を同時に崩さないように心がける

　①②③のうち、崩れているのが1つであれば、何とか生活習慣を整えることは間に合います。ところが、3つが同時に崩れてしまうと、日常生活（＝生活習慣）は大きく変化します。

　3つが同時に崩れたままでは、今まで通りの生活習慣に修復することはかなり困難です。生活習慣をつくっている①②③そのものを入れ替えて、新しい生活習慣・日常生活をつくり直す必要があります。

　①の自分の病気を治したり、②の家族関係を修復するのは簡単ではありません。この中では、③を入れ替えること（職場を変える、退職

図 生活習慣を整えるための基本

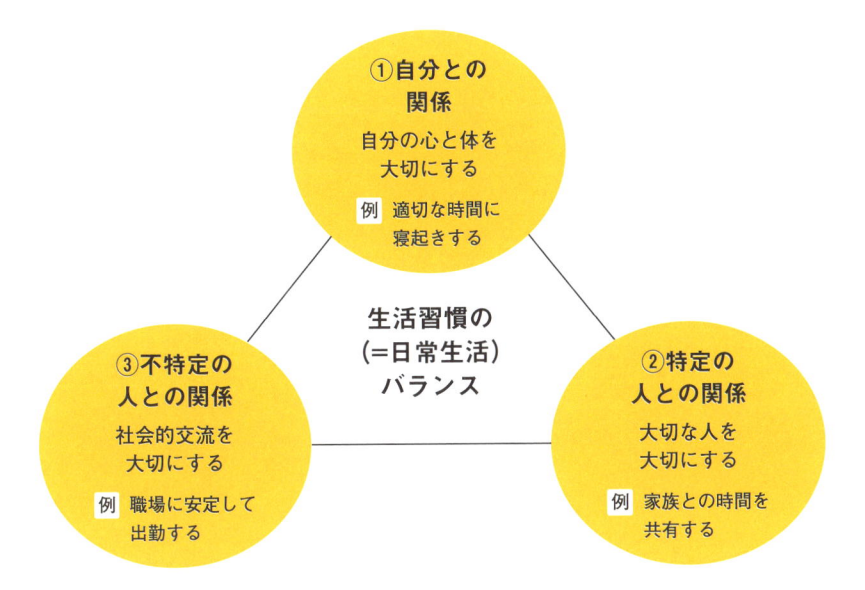

①自分との関係
自分の心と体を大切にする
例 適切な時間に寝起きする

生活習慣の（=日常生活）バランス

③不特定の人との関係
社会的交流を大切にする
例 職場に安定して出勤する

②特定の人との関係
大切な人を大切にする
例 家族との時間を共有する

自分の日常(=生活習慣のバランス)が安定していないと、介護リーダーは続けられない

する）が最も確実な選択となります。

　以上のように、生活習慣を構成する3要素が崩れると、仕事を続けることができなくなります。よって、介護リーダーを続けるためには、一つひとつを整えて、3つが同時に崩れることがないようにしましょう。

第 **2** 章

介護リーダーの仕事
7つの勘所

勘所 **1** 業務を組み立て、指示を出す

勘所 **2** 会議に参加して、決定事項を実行する

勘所 **3** 勤務表を作成する

勘所 **4** 就業規則を使いこなす

勘所 **5** 記録を活用する

勘所 **6** 申し送りを行う

勘所 **7** 面談を実施する

●介護リーダーは真心と愛情だけではできない

　私がはじめて介護の現場を知ったのは、今から40年くらい前（1980年代）です。福祉・介護は社会や利用者に対する奉仕や献身と考えられており、「お年寄りに対して真心・愛情で介護します」と朝礼で復唱したりしていました。待遇の改善を発言したり、残業代などを請求するのは、はしたないことだとも思われていました。その頃の介護リーダーは、ただ長く勤めている人が順番でリーダーになることが多く、「優しい心」だけで現場を何とかしようとして、かなり無理をしていたと思います。

　30年前（1990年代）になると、自立・尊厳・生活リハビリなどの言葉が介護現場にも届いて、国家資格を取得した専門職として介護にあたる人が多く現れ、介護リーダーになりました。しかし、頑張る態度だけが評価されてリーダーに任命され、ヒト・モノ・カネがより輝くためのマネジメントを学ぶ機会は彼らには与えられませんでした。そのため、自分がリーダーとしてチームをつくることができないことに苦しみ、介護職を辞める人も多くいました。

　2000年代（20年前）になると、ユニットケアの制度化とともに、経験は浅いけれど、介護職として真面目によく働く人が、断れずに介護リーダー（ユニットリーダーなど）になっていきました。この場合、マネジメントを学べないうえ、本人はリーダーの自覚もないので、何をしていいのかわからず、何もできないままに評価が下がり、「もう二度と介護なんかしない」と言って辞めていきました。「よい介護をしている人から辞めていく」という実に残念な事態を生むことになりました。

　この10年（2010年代）は、小規模・大規模にかかわらず、法律または組織として管理責任者という位置づけをもった介護職からのリーダーが続々と登場してきました。共通しているのは、よい介護をやり

通すために、マネジメントを仕事と認識しているところです。

　そして今（2020年代）、あなたは優れた介護をしてきたからこそ、介護リーダーに選ばれました。あるいは、自分のやりたい介護をやり通すためにはチーム（仲間）が必要だから、自分からリーダーになった人もいるでしょう。あなたがつぶれずに介護リーダーを続けるためには、何が必要だと思いますか？

●介護リーダー業務の勘所とは

　今までを振り返って、介護職がリーダーになってつぶれていく理由の多くは、よりよい介護を仲間とともに実践し、継続して行くためのマネジメントを知らなかったからです。よい介護をチームケアとして実践するためのマネジメントを学ぶこともなく、そもそもリーダーは何をするのかもわからないまま、志の高い介護職がつぶれていくのは本当につらいことでした。

　介護職は時間をかけて成長し、法律・組織・職責の認識を経験とともに深め、リーダー業務を遂行しながら優れた介護リーダーになっていきます。その間につぶれないためには、マネジメントの勘所をつかむことが必要です。

　勘所とは、はずすことのできない大切なところのことです。介護リーダーになった初期の頃から、この勘所を知っていれば、失敗はしてもつぶれることなく、その失敗さえ成長の糧にすることができるでしょう。

　介護リーダーに求められるマネジメントの勘所はたくさんありますが、今回はその中でも　基本となる7項目をまとめました。①業務を組み立て、指示を出す、②会議に参加して、決定事項を実行する、③勤務表を作成する、④就業規則を使いこなす、⑤記録を活用する、⑥申し送りを行う、⑦面談を実施する、の7項目です。

　介護リーダーの勘所を押さえて、決してつぶれずに仕事を続けてください。そして、あなたのやりたい介護をやり通す、強いリーダーになってください。

介護リーダー7つの勘所、5ステップ

勘所／ステップ	勘所1 業務を組み立て、指示を出す	勘所2 会議に参加して、決定事項を実行する	勘所3 勤務表を作成する
ステップ1	業務マニュアルを作成する	会議の種類を知る	お年寄りと職員の動きを判断する
ステップ2	業務の問題点を整理する	会議の参加の仕方を学ぶ	勤務表作成の原則を知る
ステップ3	業務の目標（解決）を定める	会議で発言する	職員の勤務状況や必要人数を把握する
ステップ4	業務の指示を出す	会議の内容を報告する	リーダーの意志を勤務表に反映する
ステップ5	上司に報告する	会議の決定事項を実行する	勤務表を作成できる職員を育てる

勘所4 就業規則を 使いこなす	勘所5 記録を 活用する	勘所6 申し送りを 行う	勘所7 面談を 実施する
就業規則を しっかり 読む	記録を読み、 支援に活かす	申し送りの 種類を知る	面談の イメージを もつ
就業規則に 基づいた 説明を行う	記録を ケアプラン／ サービスプラン に反映する	ポイントを おさえた 申し送りを 行う	初回面談を 行う
就業規則に 基づいた 職場管理を 行う	記録を 踏まえて 会議で 発言する	申し送りの やり方を 見直す	定期面談を行う （一緒に目標を つくる）
就業規則で 職員を守る	記録をもって 行政指導に 対応する	申し送りでの 伝え方を 工夫する	不定期の 面談を行う
就業規則を 職員に守って もらう	記録の 意味と価値を 職員に 伝える	申し送りを 通じて 職員を育てる	面談の 仕組みを つくる

業務を組み立て、指示を出す

1　業務の説明がないと職員は辞める

　あなたは入職したときに、上司・先輩から「あなたの仕事はこれです」と説明を受けましたか？　通常業務の説明や指導が事前にないと、とても不安で働きにくいですよね。

　また、説明を受けて、あなたがそのとおりに動いていたとしても、一緒に働く他の人も同じ説明を受けて、同じ理解のもとで共通した動きをしなければ、仕事はやりにくいでしょう。

　新人が介護を嫌になってしまう最初のきっかけは、「先輩の言うことがみんな違う」・「みんなの動きがバラバラで、何をしたらいいのかわからない」ということが多いです。

　現場の通常業務を把握し、課題を説明したうえで指示するリーダーがいないと働きにくく、職員は嫌な気持ちで辞めていきます。よって介護リーダーの勘所の１つ目は「業務を組み立てる」ということになります。

2　組み立てた業務を言って、聞かせて、やってみる！

　業務は「できる人がやっているからよい」ではありません。はじめてでわかっていない職員でも、読めば実施できるような業務マニュアルをつくり、実際にやってみて問題点がないかを検証し、問題点があれば解決し、改めて職員に業務の指示を出します。そうした一連の流れを上司に報告し、業務マニュアルを改善していきます。このサイクルを繰り返すことにより、働きやすい職場ができあがっていきます。

START

業務

ステップ1
業務マニュアル
を作成する

目標

ステップ3
業務の目標
（解決）を定める

ステップ2
業務の問題点
を整理する

GET!

ステップ4
業務の指示
を出す

ステップ5
上司に
報告する

NEXT

業務マニュアルを作成する

1 業務マニュアルの必要性

　業務マニュアルをチームの介護職と共有し、理解されたうえで業務が実施されるようになれば、日常業務を一方的な「流れ作業」（お年寄り（利用者）を数・量として扱い、時間・場所で区切る）にすることなく、一人ひとりにあった日常生活をチームの日通業務として考えながら、手づくりすることができるようになります。

　そして、業務マニュアル以外の手順や取り組みでケアが実施されれば、それらを意識して記録し、そのケアにチームは集中し、申し送りをして、必要ならば会議で話し合います。こうした動きが、ケアの見直し（モニタリング）や業務の見直し（業務改善）となっていきます。

　このように、日勤リーダーの指示、業務・ケアの実践、記録、申し送り、会議、そして、モニタリング、業務改善へと続くためにも業務マニュアルは必要です。

2 今日1日の業務を組み立て、指示を出すのは日勤リーダー

　介護の現場では、1日として同じ日はありません。その日のお年寄りの様子や出勤している職員の状況を踏まえて、その日ならではの業務を組み立てて、指示を出す人が必要です。その職員を「日勤リーダー」といいます。

3 業務マニュアルをつくる

　介護リーダーは、日勤リーダーがその日の職員に1日の業務指示を出せるように、業務マニュアルをつくります。業務マニュアルには勤務シフト別に業務のタイムスケジュールや手順が文章や図表で書き出

してあります。業務マニュアルの一例を巻末資料に掲載しましたので、参考にしてください。

　最初から、完璧な業務マニュアルを作成する必要はありません。まずは、簡単なマニュアルをつくってみて、会議などで職員に説明し、実践して、振り返りながらよりよいものに改善していきます。

4　業務マニュアルに基づいて業務を実施し、口頭で説明する

　作成した業務マニュアルに基づいてその日、１日の業務を組み立てたら、まずは介護リーダーが日勤リーダーとして実施してみます。自分が実際にやってみることで、マニュアルが適切かどうかがわかります。また、職員に業務手順を説明するときも、自分の言葉でわかりやすく伝えることができるようになります。あなたが実際に業務を行っているからこそ、「このリーダーは言っていることとやっていることが同じで信頼できる」と職員が認めてくれます。そうすると、職員は不平・不満も含めて、あなたに思いや考えを話してくれるようになり、介護リーダーは今まで以上に職員・お年寄り・業務などを把握できるようになります。

5　業務マニュアルを見直す

　業務マニュアルは３か月から半年を目安に見直していきます。そして、１年ぐらいかけて、オリジナルの業務マニュアルを完成させます。その後は、新人を指導する際に見直す機会にしていくとよいでしょう。

6　記録に残す

　私たちの介護は人間相手の仕事ですから、当然マニュアル通りにいかないときもあります。なぜマニュアル通りにできなかったのか、なぜマニュアル以外のことをお年寄りに行う必要があったのかを後で振り返るためにも、記録に残すようにしましょう。

介護リーダーと日勤リーダーの役割

介護リーダーは、その日の日勤リーダーを勤務表に書き込み、日勤リーダーは朝の申し送りのときに1日の業務の組み立てを示し、その日の出勤者の理解と納得を確認してから業務をスタートします。

介護リーダー：介護主任・ユニットリーダーなど

業務マニュアルをつくり、実際にやってみる

→ 日勤リーダーの役割を介護リーダーがまずは実践します。そうすることで、マニュアルが適切かどうかわかります。次に、ほかの職員も日勤リーダーができるように、日勤リーダーの仕事を説明します。日勤リーダーの仕事である業務を組み立てて指示を出せる職員が増えてくると、職員も介護リーダーも働きやすくなり、質の高いケアを効率的に提供することにつながります。

業務マニュアルに不備があれば、修正する

→ 介護リーダーが中心となって、フロア会議や業務改善委員会などで通常業務の働きにくいところを明らかにし、一つひとつ改善していきます。

日勤リーダー：職歴1~3年

業務マニュアルに基づき、今日1日の業務を組み立てて、その日の出勤者に指示を出し、経過を確認する

→ 日勤リーダーをできる職員がそのチームに1人しかいないと業務が偏り、いずれその人は疲れきってしまいます。よって、介護リーダーは業務を差配（取り仕切って指導・指示）する日勤リーダーを複数（大規模・小規模にかかわらず、できればチームに3~5人）育成することもポイントになります。

業務の問題点を整理する

1　各業務の問題点（弱点）を整理する

　ステップ1で作成した業務マニュアルを実践していくと、問題が出てきます。たとえば、「この施設・事業所の問題は何ですか？」と聞くと、「時間に追われてバタバタしていること」と答える人がいますが、それは「問題」ではなく、「現況」（＝誰が見ても同じ状況）です。

　問題とは、「あなたのやりたい介護（＝軸）をやれなくしていること」です。同じ現況でも、介護リーダーの軸（自分の意志、何のための、誰のための介護か、自分の価値観で大切にしていること）によって、問題は違ってきます（**図1**）。

2　「問題」を見誤ると「目標」（＝解決）を間違える

「現況」から問題点を明らかにするには、まずはリーダー自身のやりたい介護（何のための、誰のための介護か）を定めることが必要です。

　やりたい介護をしていない状態（＝問題）を、している状態にするために何をするのかを具体的に示したのが「目標」（＝解決）です。介護リーダーは、チームがより集中しやすい、わかりやすい目標を立てましょう。

　たとえば「午前中に入浴が集中して終わらない」という現況に対して、何のための、誰のための介護かという軸がないと、「入浴が終わらない」ことが問題になって、「入浴を早く終わらせる」という誤った目標を立ててしまいます。正しくは問題（問題意識）を介護リーダーの軸（介護観）に照らして、目的（何のための、誰のための）を定め、介護の意味と価値に即して目標を立てることです（**図2**）。

図1 問題点を整理する

現況：誰が見ても同じ状況
軸　：リーダーがやりたい介護、介護観、目的（抽象的）
問題：軸を阻害するもの

例 介護リーダーの軸によって現況が同じでも、問題と目標が変わる

リーダーの軸によって現況が同じでも問題が変わる

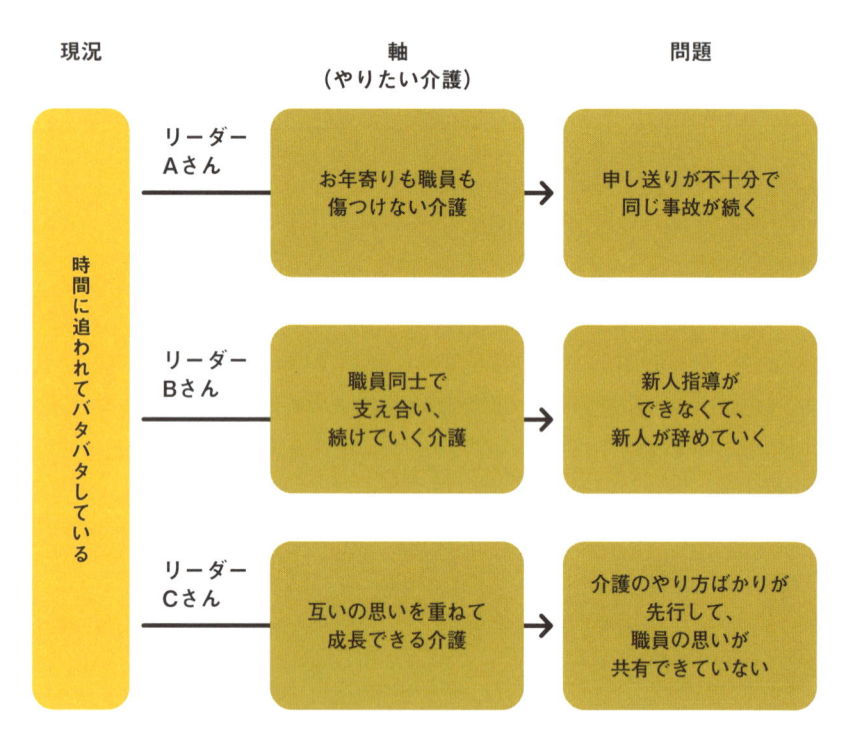

現況	軸 （やりたい介護）	問題
時間に追われてバタバタしている	リーダーAさん　お年寄りも職員も傷つけない介護	申し送りが不十分で同じ事故が続く
	リーダーBさん　職員同士で支え合い、続けていく介護	新人指導ができなくて、新人が辞めていく
	リーダーCさん　互いの思いを重ねて成長できる介護	介護のやり方ばかりが先行して、職員の思いが共有できていない

軸（＝やりたい介護）があるから介護リーダーになる
軸がない（＝やりたい介護がない、よい介護をする気がない）人は、
介護が"作業"になるので、介護リーダーになってはいけない

図2 問題点を整理し、目標を定める

例 リーダーの有無によって、現況が同じでも、問題と目標が変わる

現況①：午前中に入浴が集中する

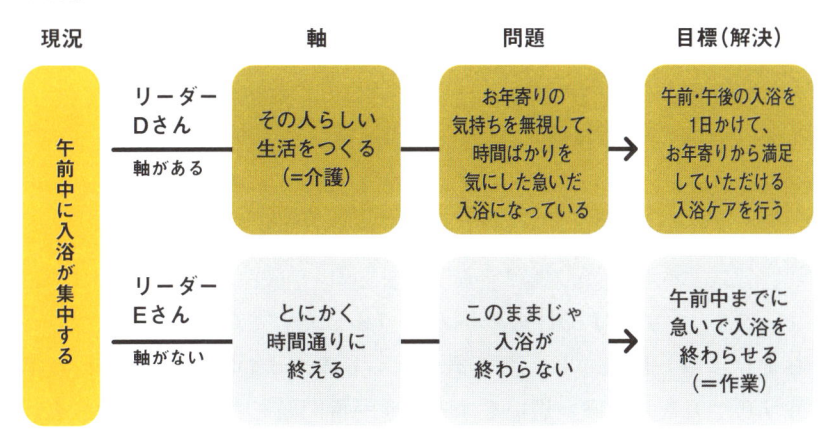

現況		軸	問題	目標（解決）
午前中に入浴が集中する	リーダーDさん 軸がある	その人らしい生活をつくる（＝介護）	お年寄りの気持ちを無視して、時間ばかりを気にした急いだ入浴になっている	午前・午後の入浴を1日かけて、お年寄りから満足していただける入浴ケアを行う
	リーダーEさん 軸がない	とにかく時間通りに終える	このままじゃ入浴が終わらない	午前中までに急いで入浴を終わらせる（＝作業）

現況②：昼食の開始が遅くなって、厨房から文句を言われる

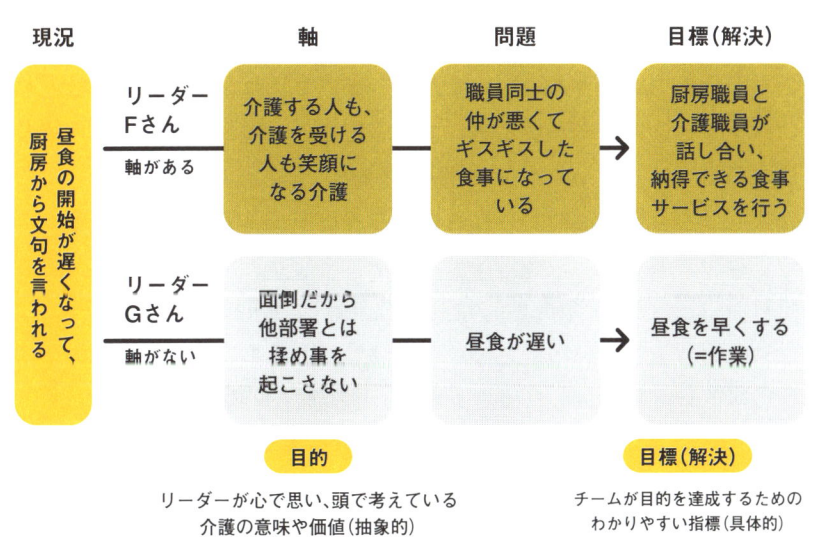

現況		軸	問題	目標（解決）
昼食の開始が遅くなって、厨房から文句を言われる	リーダーFさん 軸がある	介護する人も、介護を受ける人も笑顔になる介護	職員同士の仲が悪くてギスギスした食事になっている	厨房職員と介護職員が話し合い、納得できる食事サービスを行う
	リーダーGさん 軸がない	面倒だから他部署とは揉め事を起こさない	昼食が遅い	昼食を早くする（＝作業）

目的
リーダーが心で思い、頭で考えている
介護の意味や価値（抽象的）

目標（解決）
チームが目的を達成するための
わかりやすい指標（具体的）

軸（＝目的）がないと介護が作業（悪い介護）になる

業務の目標（解決）を定める

　やりたい介護に向けた目標（解決）が決まったら、会議（勘所2）で職員に伝えます。リーダーは職員の不平・不満を日頃から聞いています。たとえば、「お年寄り（利用者）が転んで嫌だね。一生懸命やって事故になったらやる気なくすよ」とある職員が愚痴を漏らしていました。その愚痴をリーダーは共感的に傾聴します。職員の言葉を使って、会議で次のように現況を説明しました。

リーダー：「今月は10件の転倒がありました。この状況が続いたら、お寄りに申し訳ないし、やる気もなくしますよね 現況 。私は、お年寄りがケガをして痛い思いをするのが一番問題だと思いますが、それと同じくらい職員が傷つくのも大きな問題だと思っています 問題 。なぜなら、私のやりたい介護は、介護する人もされる人も元気になる介護だからです 軸（目的）。このままでは、誰も元気になれません。こんな状態で、皆さんいいですか？　嫌ですよね。私は転倒事故が0 になることはあり得ないと思います。だけど、同じ原因で転倒を繰り返すのだけはなくしたいです 目標（解決）。皆さんはどうですか」（ここで立派な目標を最初から出さないことがポイントです。少し頼りない目標を提案すると、職員が発言しやすくなります）。

職員：「だったら、最終的には利用者全員を対象にして、スタートは最も転倒回数の多い山口さんから、職員の不注意による同じ原因での転倒事故0を目標にしたらどうかな」 問題解決当事者

リーダー：「よいですね。そのためには何が必要かな。私は新人の介護技術の向上だと思っています 課題 。なので加藤さんは研修の計画を立てて、安田さんは新人に知らせてください。お願いします 指示（命令）」

図　業務目標（解決）を定めて、指示を出すまでの流れ

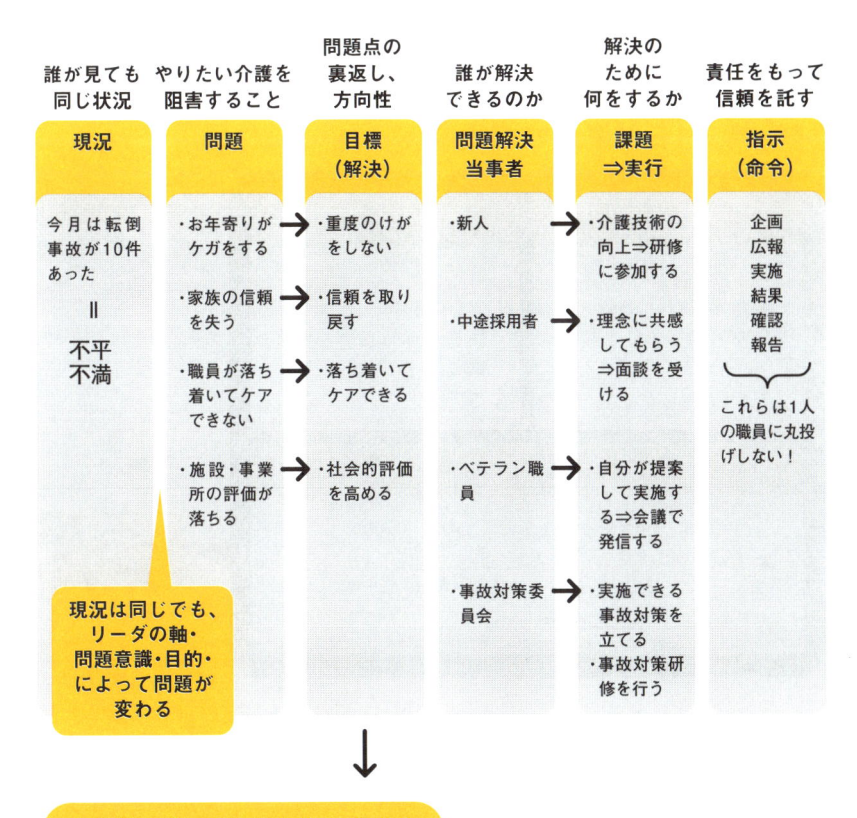

誰が見ても同じ状況	やりたい介護を阻害すること	問題点の裏返し、方向性	誰が解決できるのか	解決のために何をするか	責任をもって信頼を託す
現況	問題	目標（解決）	問題解決当事者	課題⇒実行	指示（命令）
今月は転倒事故が10件あった ＝ 不平不満	・お年寄りがケガをする	→ ・重度のけがをしない	・新人	→ ・介護技術の向上⇒研修に参加する	企画 広報 実施 結果 確認 報告
	・家族の信頼を失う	→ ・信頼を取り戻す	・中途採用者	→ ・理念に共感してもらう⇒面談を受ける	これらは1人の職員に丸投げしない！
	・職員が落ち着いてケアできない	→ ・落ち着いてケアできる	・ベテラン職員	→ ・自分が提案して実施する⇒会議で発信する	
	・施設・事業所の評価が落ちる	→ ・社会的評価を高める	・事故対策委員会	→ ・実施できる事故対策を立てる ・事故対策研修を行う	

現況は同じでも、リーダの軸・問題意識・目的・によって問題が変わる

↓

介護リーダーからの目標の伝え方

例：「同じ原因での転倒事故０（ゼロ）を目指す」

数字などを使って、わかりやすく示すと集中しやすい
他職種との連携も取り組みやすくなる

目標

業務の指示を出す

図　今日1日の具体的な指示（例）

現況	問題
・朝から早番が1人休み ・午後からパートが1人抜ける	・日勤の新人が1人で入浴するのが不安 ・人数が足りないからと焦って、急いで事故になること

目標（解決）

・今日、入浴したいお年寄りの入浴を安全に行う（新人が不安のまま1人で入浴介助をしない）
・落ち着いて、5人分のシーツ交換を1日のうちに行う（1日の通常業務を確実に終わらせる）

問題解決当事者

夜勤
明け

早番
なし

日勤
新人

介護リーダー
（日勤リーダー）

遅番

夜勤
入り

リハビリ職
相談職
看護師

複数の職員が、日勤リーダーとして
業務の指示を出せるようにする

　業務を組み立て、指示がまだ出せないのに介護リーダーに指名される、または辞令が出てしまうことがあります。その場合は、介護リーダーこそが、まず日勤リーダーとして業務を組み立て、今日1日の確実な指示を出せるようになりましょう。

　介護リーダーは、自分が日勤リーダー（業務組み立てと指示出し）を行えるようになってから、次の日勤リーダーを一般職員から育てていきます。一般職員のなかで2~3人以上の職員が日勤リーダーを

行うことができるようになると、介護リーダーはその日の現場業務を日勤リーダーに任せて、介護リーダー業務（管理業務＝**勘所1～7**）を行うことができるようになります。その結果、介護リーダーは介護リーダー業務を就業時間内に行える勤務を組むことができるようになり、残業などがなくなります。

課題	介護リーダー（日勤リーダー）の指示
夜勤帯からの利用者の体調を日勤帯職員に申し送る	「本日の入浴予定者の体調を確認して記録してください。入浴予定者以外で入浴希望の方がいたら教えてください」
日勤リーダーからの指示を理解し実施する	「早番が休みで不安でしたね。午前の入浴は、利用者さんにお願いして、午後行うようにします。午前はシーツ交換を教えてもらって、午後は遅番と一緒に入浴を行ってください」

確実な指示を出す

軸 やりたい介護：職員の落ち着きがお年寄りの安心につながるような介護

AM：シーツ交換を新人と行う PM：本日の入浴を新人と行う 新人指導を実施する	「利用者さんには、午前のお風呂を午後にしていただきました。皆さん、『いいですよ』と言ってくださいましたが、改めて感謝を伝えてください」 「早番が休んで不安だった新人には、遅番のあなたが今日は指導しながら一緒に行うと伝えてあります。よろしくお願いします」
日勤帯の申し送りを受けて夜勤帯のケアに活かす	「今日は早番の欠勤、パートさんの早退といった勤務の変更がありました。日勤、遅番も頑張りました。特に遅出は新人指導をしながら、シーツ交換と入浴介助をしています。足りていないこともあるかと思いますので、確認してから、夜勤に入ってください」
AM：変更したシーツ交換を行う PM：入浴を行う	「シーツ交換（あるいは入浴介助の参加）、ありがとうございます。新人も落ち着いて入浴介助ができていました。気がついたことがあれば教えてください」

上司に報告する

1　上司への報告はこまめに行う

　ここまで、介護リーダーが把握すべき業務について説明してきました。ステップ1〜4の経過は、毎日、または定期的に介護リーダー（あなた）の上司に報告する必要があります。状況が悪くなってから報告するのではなく、職員の不平・不満（現況）に介護リーダーがどのように向き合おうとしているのかという介護リーダー（あなた）の気持ちや問題点のとらえ方、目標（解決の示し方（方向性））、誰にどんな指示を出したか、そして、経過や結果はどうなったかなどをこまめに、報告・連絡・相談をしてください。

2　こまめに上司に報告するメリット

　上司に報告をするということは、介護リーダー（あなた）の思い・考えを言葉にするということです。上司に報告して、言葉にしたから、介護リーダーは職員に説明できるようになります。また、上司と介護リーダーが現況の共通認識をもつことで、リーダーは自分の置かれている状況を改めて把握し、自分の軸を確認できます。さらに、間違いにも早く気づくことができます。何より、あなたの報告で上司が安心するので、職場が落ち着きます。

　表にステップ1〜4のポイントを再掲しますので、参考にしてください。

業務を組み立てるポイント

1	通常業務を書き出す。簡単なマニュアルをつくる。	☐
2	マニュアル通りに通常業務をやってみて、職員に説明する。	☐
3	「このリーダーは私たちの仕事を一緒にやってくれる、わかってくれている」という職員からの信頼を得る。	☐
4	職員からの不平・不満を(腹が立っても)まず聞く、否定しない。	☐
5	不平・不満と現況を合わせて、何が問題かを考える。	☐
6	問題解決にはどうしたらよいかを、職員がわかりやすい目標(解決)にして示す。	☐
7	目標達成のための指示(役割分担)を会議などで言い渡す。 そのとき、リーダーのやりたい介護をしっかり言葉にして伝える。	☐
8	役割分担を受けた職員が、その課題を理解しているかを再度確認する。	☐
9	順調に進んでいる職員には、頑張りを承認し、感謝を伝える。失敗して、なかなか進まない職員は、その原因を一緒に考えてやり方を変えてみる。	☐
10	1日、1週間、1か月、3か月、半月、と区切って業務の経過・結果をみる。	☐
11	会議などで、職員と一緒に結果を確認する。目標を達成していたら、担当職員と協力した職員みんなが素晴らしいと一緒に喜ぶ。経過が悪ければリーダーの責任だととらえる。	☐
12	特に経過が悪い場合は、以下を行う。 ・ダメな理由を検討して代替案を考える ・やり方を紙に書いて貼り出す ・説明の仕方を変える。 ・知らない、聞いていない、わからないと言う職員と面談を行う。	☐

コラム
職員を褒<ほ>めることの大切さ

　介護現場で働く人の中でも新人職員はとても緊張していて、見たまま、聞いたままをそのままやるので精いっぱいです。そして、通常業務を1人で実施できるようになった頃は、これでよいのかといった不安を抱きます。事故や失敗をしたときには混乱します。頑張っている職員ほど、緊張、不安、混乱が強くなります。

　この緊張、不安、混乱というのは、自分を見失った状態です。そんな状態では介護はできないので、自分を整えなければなりません。自分を整えるためには、まず自分のことを承認する（自分は大丈夫だと認める）必要があります。ところが、自信のないときは自分を承認することができません。そこで、介護リーダーが新人職員を褒める（＝承認する）ことで、新人が自分で自分を整えるためのきっかけをつくります。

新人職員の褒め方〈場面例〉
①業務マニュアルの説明をしたとき
新人職員：「なんとなくわかりました」
リーダー：「そうそう、言葉を聞いただけ、図表を見ただけだからね。実際に現場に入って体を動かしていると『あぁこのことか』ってわかるようになるから大丈夫だよ。今の感じ、大事だから覚えておいてね。ここからはじまりだよ！」

②指導されたとおりに業務をしたとき
新人職員：「とりあえずやってみました」
リーダー：「できましたね。とにかく、まずやってみたってことが大事。さすがです」

③1人でやってみて失敗したとき

新人職員：「すみません。失敗しました」

リーダー：「やった人しか失敗しないからね。今、どんな気持ちですか？」

新人職員：「二度と失敗したくないと思ってます」

リーダー：「すごいね。その気持ちがあるなら大丈夫、成長するよ」

④一通りの業務ができるようになったとき

新人職員：「何とか、少しはできるようになりました」

リーダー：「ありがとう。あなたの毎日の頑張りは素晴らしいね。これからは、できるようになったからこその不安が今あるでしょう。それに向き合って、一つひとつ確実にしていくことがお年寄りの安心にもつながります。一緒に、よい介護をつくっていきましょう」

⑤試用期間が終了したとき

新人職員：「試用期間が終りました。これからも、よろしくお願いします」

リーダー：「入職してからのあなたの取り組みに、私たちは感謝しています。私も含めて、職員みんなが上手に指導できたとは思っていません。きっと、不安な思いや嫌な気持ちになったときもあったでしょう。それでも、今日まで頑張ってくれたこと、そして、これからも私たちの仲間として介護を続けてくれることに感謝しています。そして、また新しい人がやってきたときには、今の気持ちを大切にして、今度はあなたが「新人指導」をしてくださいね。期待しています」

会議に参加して、決定事項を実行する

1　介護とは

　会議は関係者が集まって相談すること、別名「意志決定機関」ともいわれます。組織・チームで仕事上の意志（方針）を決めていくための仕組みが会議です。

　そして、会議開催者の意志を示したものが、議題（会議で話し合うテーマ）です。会議で、議題について話し合い、参加者の意見（＝意志）を深め、新しく得たチームの価値（＝チームとして大切なこと）を決議（この会議で新しく決めたこと）します。

　たとえば、介護リーダーが主催する「フロア会議」では、何のための、誰のための介護なのかというリーダーの軸を会議の場で職員は直接受け取ります。さらに、話し合い、ともに決めることで新しい価値を見いだせるからこそ、仲間とともに介護を継続して、やり遂げていくことができるのです。

2　よい会議と悪い会議

　よい会議は、同じ場所、同じ時間で、同じ話を聞いて、途中で人が入れ替わらずに情報を共有する会議です。また、各々の情報を発信・表現し、その相互性（職員同士がお互いに作用しあうこと）から新しい価値をつくり出せるのもよい会議と言えるでしょう。

　一方、悪い会議は、方針決定までの検討過程に立ち会えない、参加者の感想が、「後からノートを読めば参加しなくてもよい」「新しいものが生まれないから、意見を出しても出さなくても同じ」「みんなで話し合いたいことが話し合われない」などである会議です。

会議の種類を知る

1 開催単位と内容で会議の種類を分ける

　会議には種類があります。まずは、あなたの法人・会社・施設・事業所で行われている会議を次頁の表を参考に「開催単位」と「開催内容」で分けて書き出してみましょう。どのような会議が開かれているかを知ることで、あなたの施設の現況がわかります。

　たとえば、地域との話し合いの場がもたれているなら、地域と積極的にかかわっている施設ですし、法人（会社）が現在の方針を職員に伝える会議が開かれていれば、理念の共有ができている（あるいは理念を大切にしている）法人と言うことができます。経営に関する会議がほとんどないという状態は、サービス提供の結果に興味や関心がなく、結果を振り返らない介護をしていることになります。また、人材育成に関する会議や研修そのものが少ない状況は、職員同士の言語や価値観が共有されていないということなので、報告・連絡・相談が徹底されなくなります。

2 介護リーダーが大切にすべき会議

　介護リーダーは「お年寄り（利用者）のケアについて話し合う会議」を大切にすべきです。この会議では、各職員がお年寄りへの思いを共有し、職員の抱く不安・不満を減らすことを心がけます。ただし、どれだけお年寄りへの思いや情報を共有しても、業務の手順・役割が決まっていないと、実際に取り組むことはできません。よって、会議では、介護の「やり方・方法」の提示・確認と、その介護を行うお年寄りへの「思い・考え」の両方を共有します。

単位 ＼ 内容	お年寄り（利用者）のケアについて話し合う	運営の手順や役割を話し合う	経営に関することを話し合う	人材育成研修の実施と話し合い	その他
地域	・居宅のサービス担当者会議 ・地域推進会議 ・地域ケア会議	・地域のお祭り ・行事の実行委員会	・経営団体の会議	・国・県・市主催の研修会 ・職能団体の研修会 ・テーマ別外部研修会	・地域との話し合い
法人・会社	・緊急会議（事故、虐待、苦情、内部告発などの対応会議）	・施設長会議 ・役職者会議 ・事務局会議	・理事会 ・施設長会議 ・役職者会議 ・営業会議	・新入職者研修会 ・リーダー育成研修会 ・人材育成会議	・記念行事の会議
施設・事業所	・施設のサービス担当者会議 ・給食会議	・運営会議 ・リーダー会議 ・事務所会議	・運営会議 ・リーダー会議 ・事務所会議 ・営業会議	・新入職者研修 ・法定研修会 ・研修委員会	・夏祭り実行委員会
フロア・部署	・フロア会議 ・デイ会議 ・ショート会議	・フロア会議 ・デイ会議 ・ショート会議	・フロア会議 ・デイ会議 ・ショート会議	・実技講習 ・各委員会担当の研修会	・家族会
職種別	・医務会議 ・リハビリ会議 ・相談会議 ・栄養会議	・医務会議 ・リハビリ会議 ・給食会議 ・相談会議 ・栄養会議	・総合相談室会議 ・事務所会議	・NS研修会 ・リハ研修会 ・SW研修会 ・栄養・調理研修会	・職種合同会議 ・合同会議 ・合同研修
その他	・各委員会	・各委員会	・募集（派遣）調整会議	・新人歓迎会	

大 → 小

あなたの施設・事業所は、どのような状態なのかを会議の開催状況から振り返ってみましょう。そして、あなたが介護リーダーとして参加しなければならない、あるいは主催しなければならない会議はどれかを表で確認しましょう。

会議の参加の仕方を学ぶ

　会議は自分が開催するだけでなく、介護リーダーがチームを代表して参加し、話し合われたことを職員に伝えることも必要です。決定事項を正確に職員に伝えるために、次のことを意識して参加しましょう。

1　参加前の準備
①日程の確保
　自分の参加する会議の日時・場所を確認し、勤務表を調整します。

②議題の事前確認
　参加する会議の内容・目的・議題などは事前に確認します。また、必要に応じて、議題について調べたり、意見を求められたときに答えられるように考えをまとめておきます。

③遅刻・中座は事前に伝える
　業務があったとしても、原則、遅刻や途中退室はしないようにします。どうしても遅れてしまう場合や中座しなければならない場合は、あらかじめ会議主催者や上長に伝え、了解を得ておきます。外部の会議の場合は、適切な振る舞いやマナーを主催者に確認します。

2　参加中の注意点
①メモをとる
　会議中はメモをとるようにします。会議終了後、自分のメモや会議資料をもとに会議報告書を作成します。知らない用語や語句が出てきたら、ひらがなで音だけでもメモしておいて、後から自分で調べたり、

詳しい人に教えてもらいましょう。

②疑問等は質問し、説明を求める

　会議の内容を職員に正確に伝え、決定事項を実施するためにも、わからないことや納得いかないことがあれば会議の場で質問し、理解する必要があります。

③意見を述べる

　会議での発言の仕方については、ステップ3でお伝えします。

3　参加後に行うこと

①「会議報告書」を作成する

　会議内容を関係者に報告するために会議報告書を作成します。この報告書が書けないとなると、あなたはその会議の内容を理解していないということになります。会議報告書が書けるまで、その会議の内容がわかっている人（会議の主催者、自分の上長など）に聞いて理解を深めましょう。

②職員に報告する

　会議報告書を作成したら、関係者に報告します。報告の仕方についてはステップ4でお伝えします。

図　会議参加の流れ

会議 開催日 決定	準備 ・日程確保 ・内容理解	参加 ・メモを取る ・意見を述べる	報告書の 作成	報告

わからないことは聞く

会議で発言する

1　介護リーダーに求められる会議での発言

　会議において介護リーダーは、管理側と現場側の視点をもって問題提起することが求められます。どのような議題においても、次のことを意識して発言しましょう。

①現況の分析

　たとえば「人手不足」について検討する会議であれば、単に「人が足りません！」と訴えるのではなく、事前に現況を分析して、どの時間帯の、どの業務において、何人不足しているのかといったことを具体的に発言します。そうすることで、施設全体で職員の人員状況や不足の内容をより正確にとらえて、必要な募集を行うことができます。

②法人の理念や事業計画

　職員が法人理念や事業計画を遂行するために何が必要かを問題提起します。これによって、人材育成担当者などが研修の企画や委員会活動などを実施できるようになります。

③建物・物品使用状況

　物品について、修理が必要か、新品を購入するのか、他部署の物品を借りるかなどの検討を促します。

④他部署への協力依頼

　今後の職務を進めるにあたり、他部署の協力が必要な場合は、できるだけ早めに応援を要請し、協力体制を築き、他部署の負担が最小限

に収まるように努めます。

⑤業務改善の目的と経過

　自部署のやりたい介護を会議で発言（説明）することで、共感・理解を得て、他部署も含めて、かかわる人を巻き込みます。

⑥利用者の状況を発信

　現場ならではの視点から、利用者の状況を発信します。支援が難しい利用者に対して、「困った利用者だから、退去・排除・お断り」という態度ではなく、積極的に受け入れたいという姿勢を示し、経営者の理解と管理職の対応、そして他部署からの応援を得ることを目指します。

2　現況の分析の仕方

　前述した「①現況の分析」を例に取り、介護リーダーの考え方を次頁の図に示しました。「人手不足」を訴えるにしても、問題を解決したいのであれば、図のような分析を行い、運営側に正確に状況を伝える必要があります。一見すると大変な作業のようにみえますが、分析したうえで発言しないと、単なる不平・不満という印象を与えてしまい、根本的な解決を会議で図ることができません。

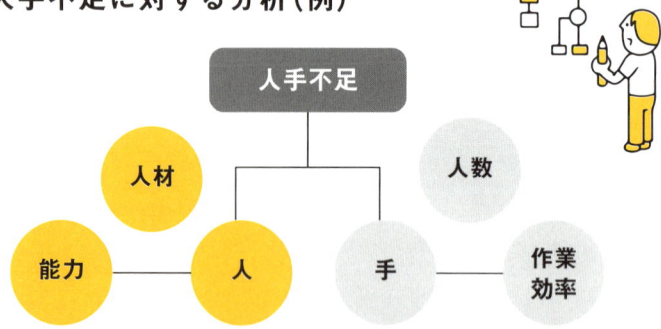

図　人手不足に対する分析（例）

	人材	人数
現況 （誰が見ても 同じ状況）	・定着率低い ・やる気がない ・職員の能力が低い	・夜勤を7回以上している職員が3人いる勤務状況
問題 （やりたい 介護を阻害 すること）	・事故が起きている ・利用者の満足度が低い ・家族からのクレームが多い ・職員の意欲が上がらないままに退職者が増えている	・体調を崩す ・職員の不満が大きい ・希望休が取れない ・公休が取れない ・有給休暇が取れない ・残業が多い
目標・解決 （問題点の 裏返し、 方向性）	・事故を減らす ・利用者に喜んでいただく ・家族からの信頼を得る ・職員の意欲を上げる。 ・職員の定着率を高める	・職員の健康管理をしたい ・働きやすい職場にしたい ・希望休が取れるようにしたい ・週休2日を守りたい ・有給休暇を年間5日取得してもらう ・残業を減らしたい

↓

	人材	人数
経過を踏まえたリーダーの発言内容	・事故対策委員会から指導を受けたい ・新人の介護技術向上のための実技を練習したい ・相談員とともに家族と話し合いたい ・職員の育成を目的とした研修会をしてほしい	・月3回以上夜勤できる人を3人募集してほしい ・月5回以上夜勤できる人なら1人の募集でよい ・夜勤が安定するまでは、10~15時の間に勤務できる人を2人募集してほしい

会議の内容を報告する

1 会議内容の報告で大切なこと

　人事や労働条件に関することなど、経営者や管理職から、公表されなくてはならない決議内容は、介護リーダーからメンバーに伝わってはいけません。決議内容が介護リーダーから噂話のように広がることは、情報管理ができていないということであり、信用を失くすからです。

　また、職員に伝える際、法人・会社・施設・事業所の方針や決定理由について、リーダー自身が理解し納得していないと、あなたからはじめて説明を受ける職員はもっと納得できません。これでは、決議内容を職場で徹底させることは無理でしょう。

　そのため、少しでも疑問があれば、会議の場で「私はリーダーとしてメンバーに決議内容を正しく伝え、しっかり実行したいと思うので、私にわかるように、もう一度説明していただけないでしょうか」と発言し、早めに疑問を解消しましょう。

公表時期を確認すべき情報

①入退職する職員の氏名、所属部署、入退職日などの情報

　→いつ、誰に、どこまで公表してよいのかを確認する。

②ボーナスや給与の算出根拠、昇給・昇格の根拠となる評価

　→チーム全体に伝える事項か、特定の職員のみに伝える事項なのかを確認する。

③異動などの人事の公表

　→公表日はいつか。本人の意向はいつ、誰が聞くのかを確認する。

---

④事故、虐待などの職員に対する懲罰事項
　→原則は全職員に公表するが、説明方法を確認する。

　上記の項目を職員に報告するときには、必ず、法人の理念、施設・事業所の指針、介護リーダーの思いを加えましょう。具体的事項に、意味・価値や思い・考えを併せて伝えます。

2　会議内容の報告のタイミング

　会議の報告は、以下に挙げるタイミングと方法で実施しましょう。

①現場を抜けて、会議に参加した場合——即時

　通常の業務から抜けて、会議に参加して現場に戻ってきたときは、まず、「留守を守ってくれてありがとう」と職員に感謝を伝えます。

②すぐに伝えられる事柄——当日

　すぐに共有できる事項があれば、感謝を伝えるタイミングで職員に伝えます。さらに、フロアの回覧ノートに決議内容を書いたり、出退勤時に職員が必ず目にするところ（白板など）にメモを書いて貼り出します。職員間の連絡に施設の公式 LINE などを使っている場合は、決定事項だけでも全員同時に伝えます。

③朝礼・申し送りなどで報告する場合——翌日以降

　簡潔に口頭で報告します。重要事項ならば最低3日間は繰り返して伝えます。

④会議報告書の作成と共有——3日以内

　上長へ会議報告書を提出します。
　関係する職員に報告内容を共有する場合は、上長に許可をもらっ

て、会議報告書の該当部分のコピーを渡し、直接説明します。

⑤所属する部署内の会議で報告する場合——1か月以内

　会議で配られた資料を配布して、決議内容を報告します。欠席者には資料を作成し、後で手渡します。

⑥会議報告を受けた職員の理解を確認する

　介護リーダーは会議の結果を報告するだけでなく、自分の報告を職員がどれだけ理解しているかを知ることが大事です。

　決議内容を職員に報告し、内容を理解しているか、実施する意欲はあるか、納得しているかなどを確認し、説明が再度必要かどうかを判断します。

コラム

**職員の不平・不満をしっかり聞くのも介護リーダーのお仕事
〜今日も元気だ、不平・不満！〜**

　組織もチームも、私たちがつくる「生き物」です。「生き物」は新陳代謝（＝新しいものが古いものと次第に入れ替わること）をしないと、活動が止まってしまいます（生物としては命が終わる）。

　不平・不満とは、「今のままじゃ嫌だ！」と職員が思うことです。不平・不満を言われると腹が立ちますが、見方を変えれば業務やケアをよりよいものに変えていくエネルギーがこのチームにはあるということです。不平・不満も意見も何も聞こえてこない、出てこない組織・チームというのは、いわば活動が停止している状態なので、そのほうが問題です。

会議の決定事項を実行する

　会議は開催するためにあるのではなくて、会議で話し合って決まったことを、職員やチームで実行することこそが大切です。

　会議で決定した事項は、責任者からの命令と等しいものです。「私は会議に参加していないから知りません」「納得いかないのでやりません」というのは、組織においては通用しません。

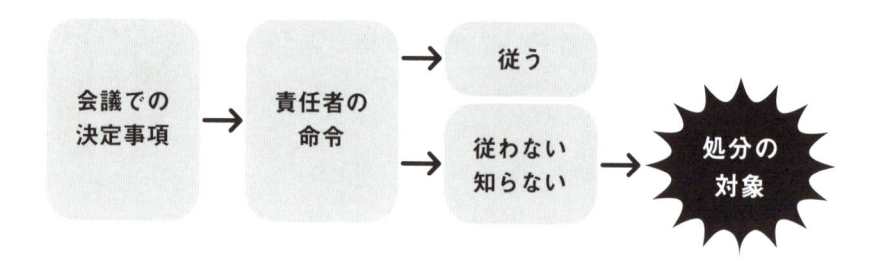

　しかし、決定事項を介護リーダーがステップ 4 の方法で伝えても、やらない職員がいます。やらない職員は、①（やりたくても）できない職員、②（やり方はわかるが）しない職員、③（意志をもって）反発する職員に分けることができます。

①（やりたくても）できない職員

　決議内容について、不納得でもなければ、反対もしていません。むしろ、決議事項をやりたい・やらなければと思っています。しかし、やり方がわからず実践に至ることができない職員です。新人・新入職者にこのような傾向が多くみられます。

この職員を「さぼっている」と決めつけてはいけません。よりわかりやすく方法を指導することで、積極的に取り組む職員となり、今後、継続していくためのマニュアルづくりのきっかけとなります。

②（やり方はわかるが）しない職員

決議内容について、強い反発をもっているわけではありません。しかし、漠然と何でこんなことするのかなあと思っている職員です。

もともと決められた通り仕事はしているし、今まで通りで何が悪いのか、意味がわからないという気持ちです。このような気持ちで仕事をしていると、最初は周囲と同じようにやっているように見えますが、いずれ、中途半端な仕事となったり、報告も記録もしなくなります。そのうち、決議内容は立ち消えとなります。介護リーダーはこの決議（取り組み）の意義をこの職員がわかるように伝えることが大切です。その伝える内容が、これからの研修内容になっていきます。

③意志をもって反発する職員

ときに強い言葉や態度で「私はこの決議内容（取り組み）をしません」ということを表明する職員です。介護リーダーにとっては、やりたい介護（＝決議内容）に反発されたのですから、不愉快で腹立たしくもあるでしょう。しかし、この職員のよいところは、自分の意志（＝思い・考え）、つまり主体があるというところです。

この職員を介護リーダーの思い通りに抑え込むのではなく、介護リーダーの意志（＝思い・考え）を直接伝えてみましょう。それが面談（**勘所7**）です。お互いの意見を傾聴して、関係性を築いていきましょう。

介護リーダーのやりたい介護と
会議の決定事項に対する反応タイプ別の取り組み

介護リーダーのやりたい介護

❶個別ケアの徹底、❷身体的拘束廃止、❸充実したターミナルケア、
❹人材育成の仕組みづくり

第1回の会議　介護リーダーがやりたい介護の **思い・考えを伝える会議**

議題　❶個別ケアの素晴らしさ
　　　❷身体拘束しないケアの重要性
　　　❸ターミナルケアから学んできたこと
　　　❹職員がケアから学び、成長することの必要性　など

> ❶〜❹の議題を
> リーダー自身の
> 言葉で説明し、
> 伝える会議

第2回の会議　介護リーダーがやりたい介護をやり通すための
方法を示す会議

・勤務表の組み方
・役割分担の仕分け方
・報告・連絡・相談の手順
・研修の進め方　など

> これらをリーダー自身が
> ❶〜❹においてテーマ別に
> 具体的に提示して、
> 意見交換できる会議

第3回の会議　介護リーダーがやりたい介護を実現するための
指示（命令）を出す会議

何が目的なのかを明確にして、
いつ、どこで、誰が、いつまで、
何をするかの指示を出す

> これらをリーダーが
> 職員を指名して、指示を出し、
> 確認する会議

第1〜3回の会議の決定事項に対する反応別の取り組み

反応 ＋
よし！
やってみよう

反応 ―
知らない
聞いていない
わからない

その後の経過を
会議で確認する

理由を
分類

①（やりたくても）
できない職員

②（やり方はわかるが）
しない職員

③意志をもって
反発する職員

やり方を直接
説明して指導する

やりたい介護の
意義を学習する
機会をつくる

自分の価値観
（思い・考え方）を
伝える

練習する
実技講習

意味の理解
研修参加

価値を共有
面談

会議での決議＝やりたい介護を実行する

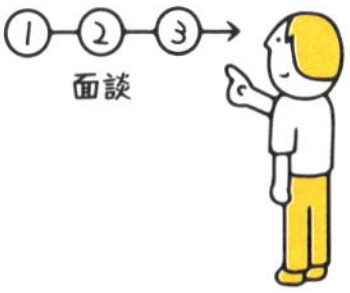

①─②─③→
面談

勤務表を作成する

勤務表は「その人らしい生活」の基盤

　お年寄り（利用者）は、「地域・家庭」から施設・事業所に来られます。「地域・家庭」というのは、その人がこれまでに積み上げた時間（大正・昭和・平成・令和）、空間（生まれたところ、働いたところ、住んだところなど）、仲間（今までの人間関係）の総体であり、それは「今まで通りの生活」といえます。

　病気や障害などによって今まで通りに暮らせなくなると、お年寄りとその家族は「今まで通りの生活」を続けたいという判断と決心をして、介護保険サービスの利用に踏み切ります。

　お年寄りにとって、治らない病気や障害がある状態は「あるがままの自分」です。病気や障害をもちながら「あるがままの自分」で生きていく・暮らしていく時間や空間、仲間をお年寄りとその家族だけでつくることは困難です。その生活を日単位で整えるサービスが「ホームヘルプ（訪問介護）」、週単位が「デイサービス」、月単位が「ショートステイ」、24時間365日かけてつくりあげるのが「施設入所」です。

　私たちサービス提供者は、「あるがままのその人」や「その人らしい生活」を最初から知っているわけではありません。だから、お年寄りや家族とともにつくりあげていきます。

　お年寄りがその人らしい生活をおくるために介護リーダーは、いつ、どこで、誰と介護を展開するのかをまずは1か月単位で計画し、勤務表を作成します。つまり、勤務表とは、その人らしい生活をつくる時間や空間、仲間の総体の基盤となるものなのです。

お年寄りと職員の動きを判断する

1 勤務表とは

　勤務表は、1か月単位で職員の勤務シフトを表した一覧です。介護の現場は、お年寄り（利用者）も職員も日々動きがあり、1日の勤務はさまざまなレベルの得意業務・苦手業務をもつ職員が集まってチームをつくります。生活ケアを行う際、職員がどのような組み合わせになっても、サービス提供の質が保たれる基本となるのが勤務表です。

2 勤務歴に応じた課題と目標

　まずは、勤務歴に応じた職員の課題と目標を整理してみましょう。1年目の新人の課題は「通常の業務を覚えること」です。この段階では、目の前のお年寄りの介護のみに集中してしまい、チームメンバーの動きを把握できません。「通常業務が一通りできるようになる」ことを目標に、1日の流れ（時間・空間）がつかめるようにします。

　2〜3年目の中堅職員の課題は「職員の組み合わせによって起こる変化を理解すること」です。出勤メンバーにかかわらず、もしくは、欠勤者がいるのに、いつもと同じように動いていてはいけません。「その日の出勤者によって動きが変わることを理解する」ことを目標に、自分の業務の動きが想定できるようになります。

　3年目以上でリーダーレベルの職員の課題は「職員とお年寄りの状況で動きが判断できること」です。お年寄りを見ずに、職員の状況のみで判断して業務を優先させたり、職員本位で動いたりしてはいけません。「職員の出勤状況とお年寄りの状況を考えて業務の組み立てができる」ことを目標に、職員の状況を把握しつつ、お年寄り主体の業務指示が出せるよう目指します。

図　勤務歴に応じた職員の状況判断

	課題		目標
1年目	=	自分とお年寄りだけの 時間と空間 自分に関する勤務しか 見えない	= 通常業務が一通り できるようになる
2～3年目	=	職員の組み合わせにより、 今日の勤務がどうなるか 予想できる	= 自分・職員とお年寄りの 組み合わせによる時間・ 空間と次の展開が 見える・わかる
リーダー レベル	=	自分・職員とお年寄りの 組み合わせによって、 毎日違ってくることが わかる	= 自分・職員とお年寄りの 組み合わせを踏まえて 勤務表を作成できる

介護リーダーには、職員それぞれの課題や目標・状況を把握し、
お年寄りのニーズ（時間・空間・仲間）に応える
勤務表を作成する能力が求められる

勤務表作成の原則を知る

1　よい勤務表とは

　よい勤務表とは、職員の健康を守りつつもサービスの質や継続性を保ち、かつ介護リーダーが自分のやりたい介護を実現するような勤務表です。以下に３つのポイントを示します。

①職員の健康を守る

　職員の健康管理から考えます。早番・遅番の連勤、または夜勤などの連日勤務はしない。公休・有給休暇はしっかり取れるようにする。職員本人が心配している家庭の都合は優先するようにしましょう。

②よい介護が続けられる

　質の高いサービスを継続して提供できるような勤務体制をつくります。お年寄り（利用者）のための食事・排泄・入浴を行えるように勤務表を組み立てましょう。また、職員が参加する申し送り・会議・委員会活動・面談などの時間は確保されるようにします。

③リーダーのやりたい介護（意志）を伝える

　リーダーの介護観を勤務表に表します。お年寄りを思い、職員のことを考えて作成することで、一人ひとりに合ったケアと働きやすい職場をつくろうとしていることが伝わる勤務表を目指しましょう。

2　勤務表を作成するコツ

①職員の希望休を確実に把握する

　複数人で希望休が重なってしまったときの調整方法を上司と話し合

表1 勤務表を作成する際のポイント

ポイント	内容
希望休は優先する	家庭や本人の趣味などを大切にする
職員の体調に配慮する	持病（腰痛など）、通院、生理、妊娠、疲労、感染症など
各勤務帯の最低人員を確保する	1日の中で早番・遅番の連続勤務をつくらない
労働基準法を遵守する	週2回の公休・年間最低5日の有休を取る
会議への参加時間を確保する	サービス担当者会議、部署会議、ケース検討会には参加できるようにする
行事に対応する	施設の季節行事、お年寄りとの外出計画、家族と連携した外泊援助など
お年寄りと職員の1日の流れ（時間・空間・仲間）をつくる	その人らしい生活づくりを元に、時間の流れ、空間の配慮、職員の組み合わせを考える
職員単位の勤務パターンを意識する	連日で夜勤、早番などといったシフトを組まない
研修に参加する日にちを確保する	資格の維持・取得に必須の研修、自主参加研修、事業所からの指示で参加する研修は、数か月前に申告あるいは予定しておく
職員からの届け出を確認する	遅刻、早退、有休、特別休暇などの申請を確認する

い、チームのルールとして会議などで説明し、共有しておきます。ここで大切なことは、希望休の調整がつかないからといって、リーダーばかりがその穴埋めをしないことです。リーダーがつぶれます。チーム全体で話し合い、調整しましょう。

②通常業務以外の事項

　行事・委員会・会議・研修などは、該当する職員が参加しやすいように勤務スケジュールを組みます。職員によっては、自身の都合を簡単に調整できる職員と、調整がとても難しい職員がいます。職員それぞれの家庭の事情、本人の健康状態、考え方の違いなど、リーダーはしっかり聞いて、無理をさせない調整を行うように努めましょう。

　ここで大切なのは、行事・委員会・会議・研修会への休日参加を職員には原則させないことです。職員がつぶれます。ただし、なかには休日に参加したい職員もいるので、本人の意思を確認します。

③職員同士の組み合わせによって、どのような反応があるか知っておく

　お年寄りによいケアを実践できる職員の組み合わせかどうかを考えます。悪い影響が出る組み合わせは避けるようにします。お年寄りがつぶれます。ただし、組み合わせによる影響は実際にやってみないとわかりません。その時々の職員同士の関係性や、業務における成長度合いによっても変化するので、随時丁寧に観察していきます。

④業務改善目標に勤務表を合わせる

「今月はこの項目の業務改善を進める」と決めたら、その目標に取り組めるように勤務表を組まないと結果は出ません。業務がつぶれます。

　業務改善の項目は、サービスの質を向上する、職員の負担を軽減する、新しい方法（機器、ICT）を導入するなどです。勤務表に「この日は、この職員が、この担当」と明記（印をつけるなど）しないと、「誰かがするだろう」「私がするの？」「してもいいのかなぁ？」と思惑が

先行して、チーム全体が動き出しにくくなります。

⑤リーダーの代わりとなる存在を決めておく

　リーダーが休みの日に任せられる職員をみつけておきます。リーダー不在時の申し送りの的確さ、報告・連絡・相談時の適性を指導しながら、誰がふさわしいか確認します。

　リーダーはあらかじめ、その日に勤務する職員に緊急時の連絡方法を指導し、お年寄りの状況の変化、家族情報、他部署からの依頼などを随時、または次の出勤日に報告するように指示を出します。その内容などから、次期リーダー候補をみつけ、育てます。

表2 勤務表作成の手順の目安

1. **希望休** = 職員の意志を認める
2. **公休** = 必ず取る
3. **有給休暇（有休）** = 本人にも現場にも無理がないように、年間5日以上取得してもらう
↓
4. **会議**
5. **行事** = 年間スケジュールなどで決定されている日程を守る
6. **研修**
↓
7. **最低人員** = 特に夜勤人数の確保
↓
8. **勤務パターン** = 安定した職務体制をつくる
↓
9. **体調** = 安定した出勤状況を継続する
10. **ケアの流れ** = やりたいケアの実現化

職員の勤務状況や必要人数を把握する

　勤務表を公開した後に勤務日変更の申し出があると、リーダーは調整に追われてしまいます。その影響を最小限にするためには、以下を再確認しましょう。

①各職員の勤務状況を把握する

　特定の勤務形態が同じ人ばかりに集中したり、他の職員と比べて明らかに多くないか、または少なくないか確認します。

②出勤日数を確認し、偏りをなくす

　週休２日、有給休暇（有休）が年間で５日は取れているか、昨年の実績を確認します。十分に有休が取れていない職員には、たとえば、31日の月に１日有休を計画的に入れるように本人と相談します。31日の月に有休を取得する理由は、30日（または29日など）の月よりも職員全体の出勤日数が多いので、勤務をつくりやすくなるからです。

③通常業務に必要な人数を設定し、不足であれば応援依頼する

　お年寄り（利用者）の安全確保と、通常業務を安定して実施するために必要な人数を設定します。そして、その必要人数を管理側に伝え、事業計画に組み込んでもらい、職員募集につなげます。どうにも間に合わない日は、会議・申し送り・朝礼などを通じて上長より他部署へ応援依頼をしてもらいます。

勤務表作成者（リーダー）と管理職が共通理解しておくこと

例 介護保険施設（入居）で100名入居者がいる場合

〇法定人数では何人必要か ※法定人数＝法律で定められた人数

介護保険…｜3：1基準｜→利用者100人：職員（NS＋CW）33.4人

労働基準法…週休2日、有休年間最低5日取得するためには、

→利用者100人：職員（NS＋CW）40人 ｜2.5：1｜が必要です。

〇通常勤務を偏りなく遂行するためには何人必要か

夜勤明け…利用者20人、職員1人

　早番……利用者10人、職員1人

　日勤……利用者10人、職員2人

　遅番……利用者10人、職員1人

夜勤入り…利用者20人、職員1人

以上の勤務を組むためには→利用者100人：職員55.6人 ｜1.8：1｜が必要です。

〇事業計画を遂行するためには何人の雇用が必要か

　法人・会社は、作成した事業計画を遂行するために、必要な職員を想定して事業予算（人件費）を立てます。その予算を根拠に採用計画を総務（人事）が立てます。しかし、採用計画どおりに雇用できなければ、事業計画で想定された業務は、既存職員が残業をして対応することとなります。よって介護リーダーは、現場職員の時間外勤務が過剰に増えないように、管理職と募集・採用状況について情報共有をしていきます。

　以上の3項目を介護リーダーと管理職が正しく共通理解したうえで、必要な職員募集や研修などの人材育成を行い、働きやすい職場環境をつくります。

リーダーの意志を
勤務表に反映する

　お年寄り（利用者）のその人らしい生活づくりのために、職員は1日1日の業務を積み上げていきます。その土台となるのが勤務表で、利用者の状況・職員人数・法的根拠・職員の気持ちに応えることに加えて、リーダーの意志（＝やりたい介護）を示すことが大事です。あなたの意志がお年寄りと職員の主体性を引き出します。

あなたはどんな意志をもって働きたいですか

・お年寄りがその人らしく過ごせる毎日をつくりたい。
・職員が互いに協力し合って、働きやすい職場にしたい。
・新人に落ち着いて指導できる体制にしたい。
・ショートステイの入居・退去がスムーズにできるようにしたい。
・デイサービスの利用状況に合わせてメリハリのある勤務にしたい。
・実習生・ボランティアの教育担当をしっかり付けていきたい。
・達成感があり、利用者・家族・職員みんなが心に残る行事にしたい。
・深い認知症のあるお年寄りの心に届くケアを実践したい。
・反省はあっても後悔しない。丁寧なターミナルケアで見届けたい。

　上記のような思いを言葉に出して、どんな思い（＝意志）で勤務表を作成したか伝えましょう。

介護リーダーの意思を反映した勤務

例 ターミナルステージに移行したことや認知症の進行が進んでいるといった理由で、
DユニットのAさん の不安が強く、通常の夜勤体制では、職員がやりたい介護を
実践できないとリーダーが判断したので、通常の夜勤体制に1人加えることにした。

夜勤者1人		夜勤者1人	
Aユニット	Bユニット	Cユニット	Dユニット
利用者 10人	利用者 10人	利用者 10人	利用者 10人（Aさん）

Dユニットにターミナルステージの方、重度の認知症の方がいる

→1対1対応が必要と判断し、Dユニットに夜勤者を1人加える。

夜勤者1人		夜勤者1人+ 1人	
Aユニット	Bユニット	Cユニット	Dユニット
利用者 10人	利用者 10人	利用者 10人	利用者 10人（Aさん）

> DユニットのAさん
> 1名のみに対応する

・2人で遂行していた夜勤を3人で行う。
・日勤帯が不足しやすい。
・日勤帯の、どの時間の、どの業務が不足するかを
　介護リーダーが会議で発言し、協力をお願いする（他部署への応援依頼）。
　　「午前の入浴が足りません」「朝の食事介助に1人参加してください」
　　「夕方の見守りをお願いします」
・資料として勤務表を提示する。
・調整結果を決議し、その決議内容を施設長が指示して実施する。

勤務表を作成できる職員を育てる

　新人職員を先輩格職員、そしてリーダー格職員へと育成する過程では、勤務表作成の体験・習熟が大きな役割をもっています。

勤務表を通じて職員を育てるステップ

①業務マニュアルを読む。

②業務マニュアル通りに通常業務が遂行できる（プリセプターによる新人指導）。

③お年寄り（利用者）に合わせたその日ならではの日勤リーダーからのマニュアル外の指示を理解し、実施できる。

④日勤リーダーとして、利用者を中心に1日の業務組み立てを行える。

⑤日勤リーダーとして、1日の業務組み立てを申し送りで言える。

⑥日勤リーダーとして、週割表（＝勤務表に基づき、1週間の業務分担を書き出した一覧表）を作成する。

⑦介護リーダーから勤務表作成の説明を受ける。

⑧介護リーダーと勤務表作成を一緒に行う。

⑨勤務表作成をする→介護リーダーから修正・訂正を受ける。

⑩単独で作成し、実施する（＝次期リーダー候補）。

　なかには繰り返しの指導にもかかわらず、単独で作成できるには至らない職員もいます。この職員には、介護リーダーに相当する辞令は出せないということになります。それでも、リーダーがどのように勤務表を作成しているかを知っている職員がチームに多くいたほうが、チームがより充実します。

図　リーダー業務（委員会活動を進める・リーダー育成）における勤務表の位置づけ

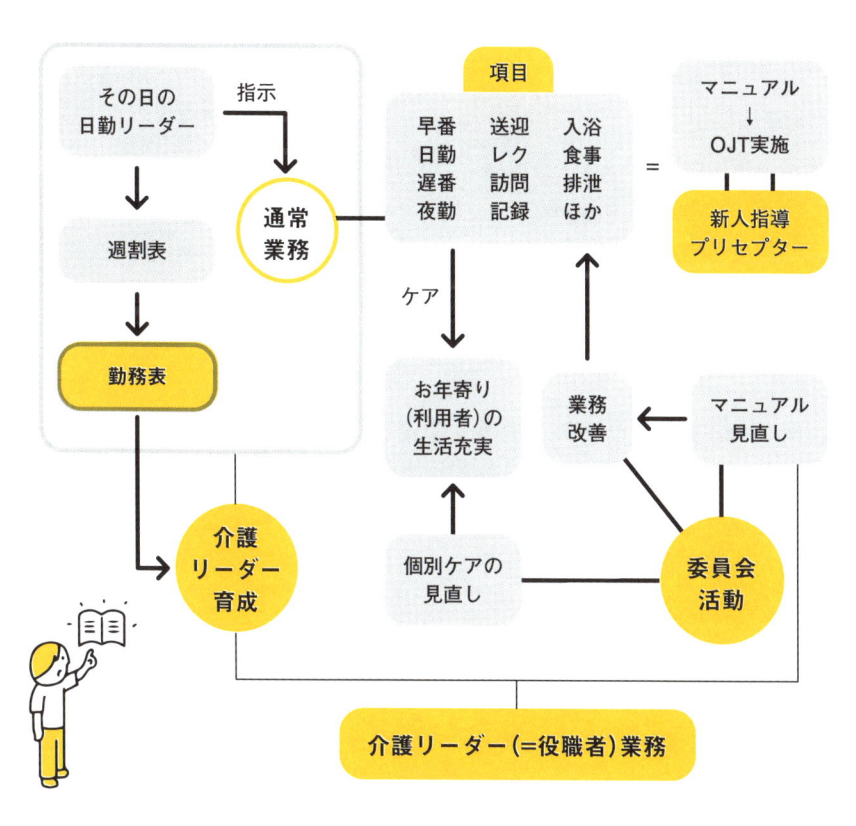

介護リーダーは、お年寄りの生活がより充実するために、以下を実践していく

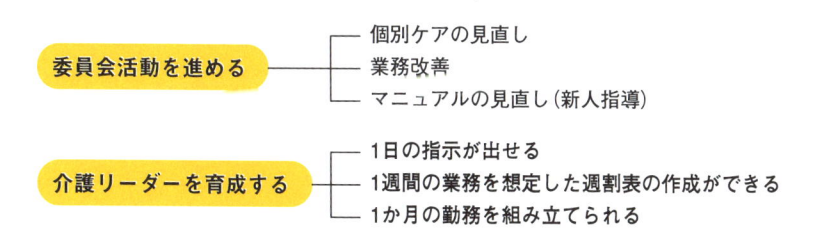

| 委員会活動を進める | ── 個別ケアの見直し
── 業務改善
── マニュアルの見直し（新人指導） |

| 介護リーダーを育成する | ── 1日の指示が出せる
── 1週間の業務を想定した週割表の作成ができる
── 1か月の勤務を組み立てられる |

就業規則を使いこなす

　私たちは、お年寄り（利用者）を大切に思う気持ちをもって、介護をします。24時間365日の全体または部分を担う生活支援の仕事として、その介護をやり遂げていきます。

　このような「プロの介護」の実践は1人ではできないので、チームで取り組みます。介護リーダーのやりたい介護をチームとして続けるためには、そのチームにルールが必要です。

①同じお年寄りをチームで介護する業務マニュアル
②給与を支給し、責任をとる施設・事業所の就業規則
③自分が所属する法人（組織）の方針・理念
④国民としての義務・権利を示した国の法律

　以上の①〜④を私たちは知って、守って、使いこなし、必要ならば変えていきます。

　就業規則とは、施設・事業所の中で職員が互いに安心して「プロの介護」を行うためのルールです。スポーツごとにルールや学校ごとに校則が違うように、各施設ごとに就業規則は異なっています。

　まず介護リーダーには、給与や勤務時間などの労働条件、職場内の規律などを決めた就業規則をきちんと理解することが求められます。規則（ルール）に基づいて、働きやすい職場をつくっていきましょう。

就業規則をしっかり読む

1 就業規則集を手に入れる

　あなたは就業規則を読んだことがありますか。あなたの職場は、職員一人ひとりに就業規則集を配布していますか。または、いつでも見られるように掲示していますか。

　一般的な施設では、入職と同時に就業規則集が手渡されます。最近では、インターネットで公表している施設もあります。見たことがないという方は、事務担当者（事務長、総務、人事など）に、介護リーダーとして職務を全うするためにも必要であることを伝え、手に入れてください。万が一事務担当者が拒否したら、自分を任命した上司に責任をもって用意してもらうように要請してください。なお、就業規則集は職場で目につきやすいところに置いておきましょう。

2 就業規則を読む

　就業規則集は、あなたが働く上で重要な事項が書かれています。必ずすべてに目を通しましょう。文言は覚えなくてもかまいません。誰かに聞かれたときに「就業規則集に書いてあったな」と思い出せる程度にはおさえておきます。

　読みながら、自分に関係しそうな箇所や気になる箇所には付せんを貼ったり、アンダーラインを引いておくとよいでしょう。たとえば、職員からよく聞かれる「遅刻・早退・有給休暇・欠勤」の説明や対応ができるためにも、すぐに見返せるようにしておきます。

　読んでみて、どうしてもわからない文言や項目があれば、上長や事務担当者に聞きます。聞くことを恥ずかしがったり、ためらってはいけません。

3　就業規則を遵守する意味

　施設・事業所内に規則がないと、それぞれが勝手に動いてしまい働きにくい職場になります。もしも就業規則がなければ、次のような事態に陥ります。

・勤務時間が定まっていないので、職員が遅く出勤しても早く退勤しても、注意さえできない。
・職員がその日の気分で出勤したり休んだりできるので、その日の勤務体制が不安定になる。
・無責任な行動をする職員が増えて、正直者がバカをみるような働きたくない職場になる。
・職員同士が互いを否定したり、嫌がらせやいじめが横行したりする。

　就業規則は、介護リーダーが部下に対して注意しやすくなるための道具でもあります。就業規則の主旨や内容を正しく理解すれば、毅然とした態度で部下に接することができるようになります。就業規則を現場職員・管理職・経営者それぞれが守るからこそ、よい職場になります。

4 就業規則の記載事項

就業規則は、会社・法人・施設・事業所によって、内容も記述の仕方も異なりますが、おおむね以下のようなことが書かれています。

図　就業規則の主な記載事項

総則	全体を通した決まり
人事	職員の採用、試用期間、異動、休職、退職、定年退職に関する決まりなど
服務	守るべき心得・規律、各ハラスメントの禁止など
勤務	勤務時間、休憩時間、休日・休暇、介護休業、育児休業、時間外勤務など
給与	給与規定・退職金規定など
福利厚生	法定福利厚生（健康保険、労災保険など）、法定外福利厚生（慶弔・見舞金など）
安全衛生	健康診断など
懲戒	始末書、厳重注意、減給、出勤停止、解雇や懲罰委員会など

就業規則に基づいた説明を行う

1 基本事項は説明できるようにする

介護リーダーが就業規則を知らず、職員も規則を守らないと、働きにくい職場になります。たとえば、職員から「遅刻ってなんですか？」「遅刻するときの申請方法を教えてください」と聞かれ、「よくわからないけど、だいたいこんなことじゃないかなあ……」とあなたが説明したら、「このリーダーはこんなことも知らないんだ」と職員は不安になり、「頼りにならない」と不信に思うでしょう。

就業規則を一度読んだだけで、すべてを理解することは難しいかもしれません。しかし、服務規程や勤務時間、休暇等に関する規定は、どんな職員にもかかわる項目です。わかっているつもりでも、いざ説明するとなると、言えなくなることがあるので、しっかり理解して、説明できるようにしておきましょう。

2 説明する際のポイント

まずはその職員が「有給休暇」「欠勤」などの語句をビジネスルール（常識）として理解しているかを確認し、言葉として知らないようなら、一般的な言葉の意味を説明します。そのうえで、この職場ではこの項目はどのような就業規則になっているのかを説明します。また、説明する際は、ハラスメントにならないように注意しましょう。

リーダーが就業規則について
把握すべき内容と声かけ例

項目	言葉の定義	実際の運用で説明すべき内容	介護リーダーの○よい声かけ例、×ハラスメント例
遅刻	決まった時刻に遅れること	・始業時刻はいつか ・何分遅れたら遅刻扱いとなるか ・どんな理由でも遅刻となるか ・届け出の手順 ・給料は減額されるか	○「始業前に着替えなどの準備をして、心と身体を整えてから勤務を開始しましょう」 ×「5分前行動の精神で、早め早めの行動を心がけ遅刻を絶対しないようにしなさい」
早退	決まった時刻よりも早く退出すること	・終業時刻はいつか ・何分早く帰宅したら早退となるか ・どんな理由でも早退となるか ・届け出の手順 ・時間単位の有休は使えるか	○「体調が悪くなってしまったとき、家庭・家族の都合がつかないときは無理せず早めに申し出てください」 ×「出勤したからには、お年寄りや仲間には絶対迷惑をかけられないので、仕事が終わるまで頑張ってください」
有給休暇（有休）	賃金が減額されない休暇 例：6か月間勤務を継続して、かつ8割以上勤務した場合、10日間与えられる	・自己都合で自由に休めるか ・休暇届は、いつ、誰に出すのか ・勤務が8割未満の場合はどうなるのか ・常勤と非常勤で異なるのか ・年間最低何日取得しなければならないか	○「どんな理由で取得してもよいけれど、現場の状況によっては、調整をお願いすることもあります」 ×「現場がどうにもならなければ、当然、有休は取れるはずありません。うちは前からそうですよ。みんなそうしてますよ」

欠勤	出勤すべき日に自己都合で休む。賃金は減額される	・どんなときに欠勤になるか ・事前に届け出られないときはどうするか ・診断書は必要か ・無断欠勤したらどうなるか	○「無断欠勤は、お年寄り・職員・職場に大きな心配と迷惑をかけるので注意しましょう」 ×「無断欠勤は昔だったら一発で解雇だったからね。気をつけなさいよ」
職員への確認項目	日本語としての言葉の意味を理解できているか	説明を聞いて理解できているか、実施できているかを観察し、見守る	自分のこととして、納得できているかを声かけなどで確認する

就業規則に基づいた職場管理を行う

　介護リーダーは、以下の①〜④について、事務担当者と協力して、職員が安心して働ける職場になるように職場管理を行いましょう。

①時間外勤務の対応
　　→次頁の図を参照

②休みの取得方法の説明と対応
・公休と有給休暇（有休）
　　→事務担当者の元へ一緒に行き、公休と有給休暇（全休と半休）の違いを説明してもらい、日数も確認します。
・病欠と休職の違い
　　→病気やケガの治療のために使えるのが病気休暇（病欠）です。休職との違いを説明するとともに手続きの仕方も確認します。
・産前産後休暇・育児休暇・介護休暇
　　→本人希望と合わせて、職員個別の取得方法を事務担当者・上司とともに確認し、共通の認識をもっておきます。また、育児休暇は男性職員も取得できることも伝えましょう。
・特別休暇の種類
　　→法人・会社によって異なり、ときには変更があるので注意します。

③常勤・非常勤（フルタイムパート・短時間パート）の違い
・雇用契約書内容の確認
　　→一人ひとり違うので、事務担当者・上司の許可のもと、正確な内容を介護リーダーとして把握しておきます。

図 時間外勤務の対応

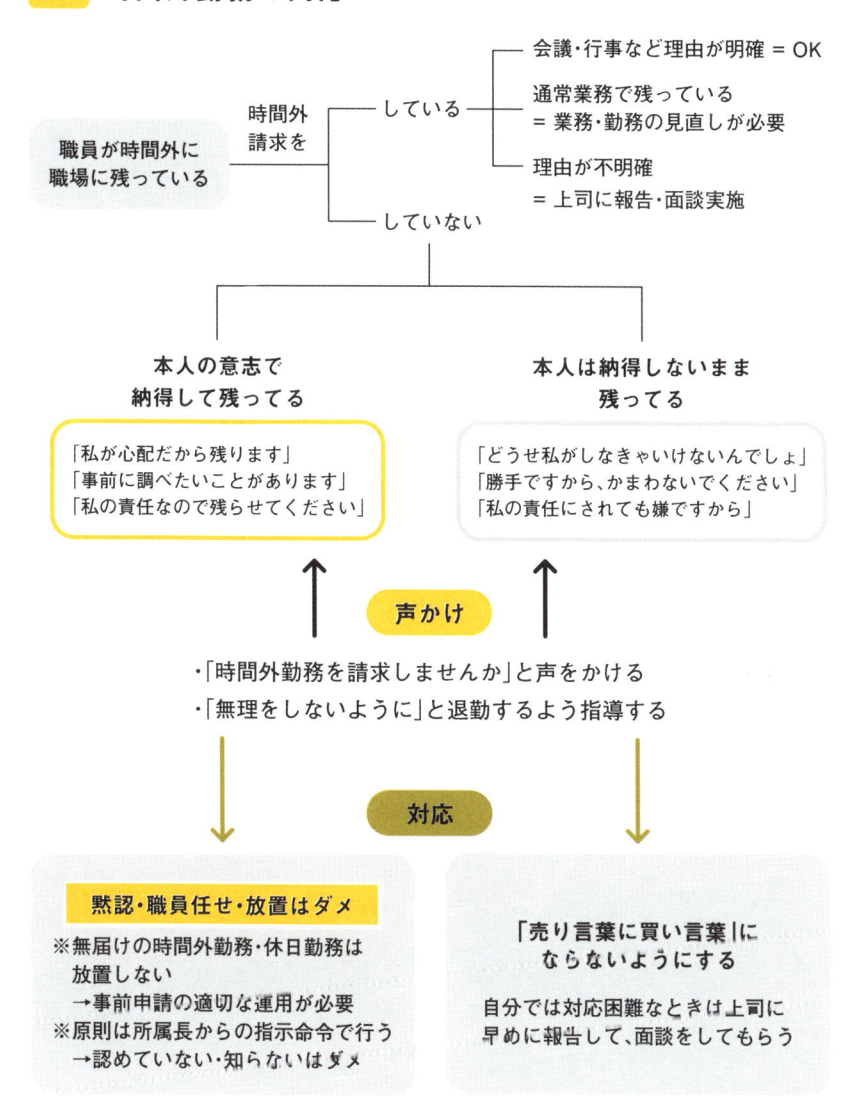

職員が時間外に職場に残っている

時間外請求を

している
- 会議・行事など理由が明確 = OK
- 通常業務で残っている = 業務・勤務の見直しが必要
- 理由が不明確 = 上司に報告・面談実施

していない

本人の意志で納得して残ってる
- 「私が心配だから残ります」
- 「事前に調べたいことがあります」
- 「私の責任なので残らせてください」

本人は納得しないまま残ってる
- 「どうせ私がしなきゃいけないんでしょ」
- 「勝手ですから、かまわないでください」
- 「私の責任にされても嫌ですから」

声かけ
- 「時間外勤務を請求しませんか」と声をかける
- 「無理をしないように」と退勤するよう指導する

対応

黙認・職員任せ・放置はダメ
※無届けの時間外勤務・休日勤務は放置しない
　→事前申請の適切な運用が必要
※原則は所属長からの指示命令で行う
　→認めていない・知らないはダメ

「売り言葉に買い言葉」にならないようにする
自分では対応困難なときは上司に早めに報告して、面談をしてもらう

・常勤・非常勤、定年後の再雇用制度等

　→常勤・非常勤、嘱託、アルバイト、再雇用の条件（有期・無期雇用の違い以外）については、各法人・会社によって異なるので、メリット・デメリット含め正しく把握しておきます。

④労働災害の申請方法

　労働災害か否かは労働基準監督署が判断します。手続きは事務担当者が行うので、介護リーダーは現場での事故やケガを速やかに事務担当者に報告します。

就業規則で職員を守る

1　就業規則は職員を守る根拠

　いつもと同じように勤務していても、職員の状況は一人ひとり異なります。同様に、同じ申し出でも、人それぞれの理由や問題があります。その職員が今、何に困っているのかを明らかにして、職場・チームとして支援できることを就業規則に基づいて実施しましょう。

　退職、妊娠・出産、病気、雇用契約などにおいて、該当する項目を就業規則からみつけ、改めてしっかり読み、職員からの相談に対して、支援に役立つと考えられることがあれば、上司や管理（人事、総務など）に提案・相談し、確認のうえ、その職員に支援内容を伝えましょう。

　職員みんなを同じように扱うのは、「公平」ではありません。それは画一した対応であり、職員が働きにくくなります。真なる公平とは、どんな職員が、どんなことで困っていても、一人ひとりの職員に合わせてサポートするということです。そのリーダーからのサポートの根拠となるのが就業規則なのです。

2　職員が安心して働くことが、お年寄りへのよい介護につながる

　職員の仕事は、介護をもってお年寄り（利用者）を支え、守ることです。しかし、職員自身に何かあったときに上司や組織が守ってくれるという実感がもてない状況では、落ち着いて仕事をすることはできません。組織が自分を守ってくれているという実感があるので、職員はお年寄りの介護・ケアに専念できるのです。

　介護リーダーは、職員が仕事に専念できるように、就業規則を根拠に職員を守り、支援しなければなりません。そうして、職員が安心して働くことで、そのよい影響がお年寄りへのよい介護につながるのです。

図 さまざまなケースに応じた支援内容

1. 退職

申し出内容

①退職したい
②退職したくないが退職を申し出ている

①か②かを確認

就業規則に基づく支援内容例

①の場合：退職の意志が固いとわかったら、「退職願」を出してもらう。

- ・施設長の指示のもと、管理（人事、総務など）から就業規則に基づいて「退職届」の作成の指導を受ける。
- ・公休・有給休暇などを計算して、引き継ぎ期間を決める。

②の場合：上司や上長に相談しながら、就業規則に基づき以下を検討する。

- ・配置転換　　・短時間勤務　　・休職（休業補償の準備）

2. 妊活、妊娠・出産

申し出内容

①妊活をしたい
②妊娠した
③出産予定である

本人の意思を確認

- ・働き続けたいか
- ・どのように働きたいか

就業規則に基づく支援内容例

まず、妊活の希望には全面的に応援することを約束する。
妊娠・出産予定の報告に対しては、本人から伝えたいとの意思表示があった場合、「出産する、しない」をしっかり考えた結果なのかを聞き、妊娠・出産後も働きたいかどうかを確認する。
そのために何ができるか、就業規則に基づき、上司と相談し、以下の支援を実施する。

- ・産休や育休の手続き
- ・復職のための準備をする、体調に考慮したシフトを組む
- ・育児短時間勤務の制度の説明をする
- ・チームの協力を得られるよう、会議で説明する

3. 病気

申し出内容

治療が必要な病気や
ケガの報告

本人の希望や困っていることの確認

・病気の治療が長くなりそう
・病気の治療ができない
・病気で働きにくい
・病気でも安定して働き続けたい

病状の確認

・診断書　・主治医の意見・指導　など

就業規則に基づく支援内容例

・治療が短期であれば、公休や有給休暇をまず使う
・治療が長期に及ぶのであれば、休職や休業補償の手続等を行う
・働き続けるなら時短勤務や本人の承諾を得てチームに病気を公表し、
　シフトや勤務の配慮を工夫する

4. 雇用契約

申し出内容

・常勤になりたい
・常勤から非常勤になりたい
・非常勤の契約内容を変えたい

本人の希望や困っていることの確認

・安定した雇用契約で働きたい
・勤務時間を減らしたい
・体調が悪い
・給料を上げてほしい

就業規則に基づく支援内容例

・本人の希望を正確に把握するために面談を行う
・希望内容を上司・事務担当者に報告する
・希望に応えるためには何が必要かを就業規則から整理する
・必要項目を本人と上司・リーダーで共有する

就業規則を職員に守ってもらう

1　就業規則違反は面談で伝える

　介護リーダーには職員の雇用を促し、働きやすい職場づくりを通じて職員をしっかりサポートし、守るという任務があります。

　しかし、職員がお年寄り（利用者）のためにならない不適切な行動をとり、このままではチームが壊れてしまうような状況に至った場合、自分（リーダー）のケアに対する考え方に基づき、その職員の**懲戒処分**（戒告、けん責、減給、出勤停止、降格、諭旨退職、懲戒解雇）を選択しなければなりません。

　職員には面談（**勘所7**）を通じて、就業規則違反の事実を伝えます。面談の流れを図に示します。

2　懲戒事例は次の職員育成に活かす

　懲戒を受けた職員が仮に退職に至ったとき、問題のある職員が辞めてくれてよかったと思うのではなく、自分（介護リーダー）にもっと力量があれば、その職員は働き続けることができたのではないか、就業規則に基づいてサポートできたのではないかと振り返り、次の職員育成、支援につなげていきましょう。

図 就業規則違反例：
お年寄りに失礼な態度を繰り返す職員への対応

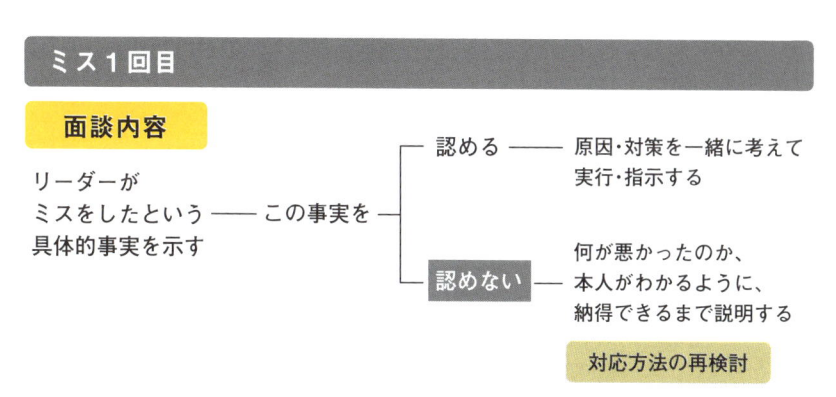

ミス1回目

面談内容

リーダーが
ミスをしたという ── この事実を ─┬─ 認める ── 原因・対策を一緒に考えて
具体的事実を示す　　　　　　　　　　　　　　実行・指示する

　　　　　　　　　　　　　　　└─ **認めない** ── 何が悪かったのか、
　　　　　　　　　　　　　　　　　　　　　　　　本人がわかるように、
　　　　　　　　　　　　　　　　　　　　　　　　納得できるまで説明する

　　　　　　　　　　　　　　　　　　　　　　対応方法の再検討

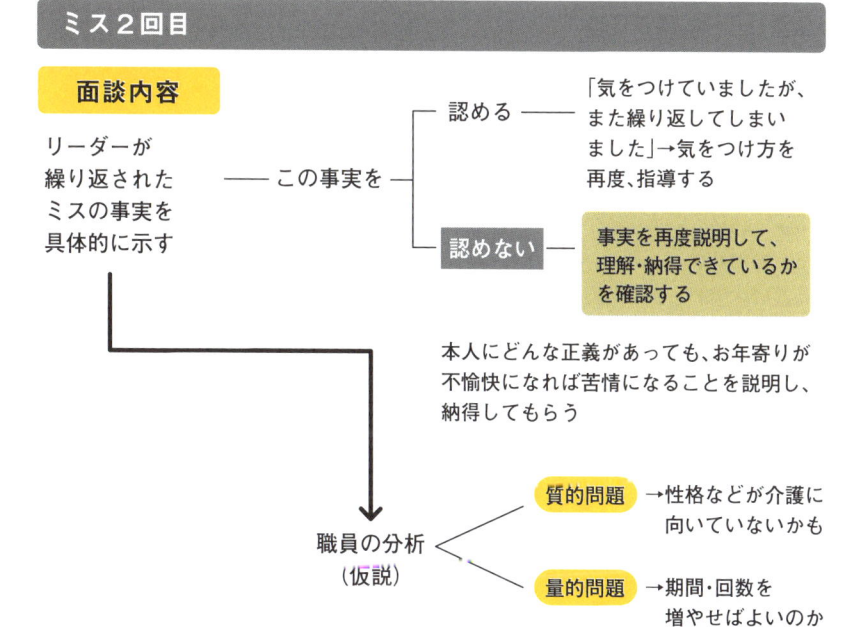

ミス2回目

面談内容

リーダーが
繰り返された ── この事実を ─┬─ 認める ── 「気をつけていましたが、
ミスの事実を　　　　　　　　　　　　　　　また繰り返してしまい
具体的に示す　　　　　　　　　　　　　　　ました」→気をつけ方を
　　　　　　　　　　　　　　　　　　　　　再度、指導する

　　　　　　　　　　　　└─ **認めない** ── 事実を再度説明して、
　　　　　　　　　　　　　　　　　　　　　理解・納得できているか
　　　　　　　　　　　　　　　　　　　　　を確認する

本人にどんな正義があっても、お年寄りが
不愉快になれば苦情になることを説明し、
納得してもらう

　　　　　　　　　　　　　　　　　質的問題 →性格などが介護に
　　　　　　　　　　　　　　　　　　　　　　向いていないかも
　　　　　　　職員の分析
　　　　　　　（仮説）
　　　　　　　　　　　　　　　　　量的問題 →期間・回数を
　　　　　　　　　　　　　　　　　　　　　　増やせばよいのか

介護リーダーが立てた仮説を確認するために、
本人とリーダーで、達成可能な小さな目標を段階的に一緒に進めていく

↓

次回のミスからは、就業規則に基づいて違反として扱い、処分があることを予告する

勘所
4

就業規則を使いこなす

ミス3回目（違反） 出勤停止

面談内容

これまでの経過を踏まえ、管理側が就業規則に基づいて処分を下す

> 例：口頭注意（戒告）
> 　　始末書提出（けん責）
> 　　減給
> 　　出勤停止

違反4回目 退職勧奨

面談内容

「向いていない仕事を続けると、大きな事故やトラブルなどを起こして、
お年寄りもあなたも傷つくことにならないか」と面談で伝える
上長・上司または介護リーダーなど、
誰が面談を行うかは十分に打ち合わせをして決める
面談の内容は記録に残しておく

退職せずに勤務を継続して、
なお、指導を聞き入れず違反を続ける
── 懲戒解雇

労働基準監督署から不当解雇などの
問い合わせがあれば、
就業規則に基づいて指導した
経過記録を提出する

本人の判断で
自主退職の意向がでれば、
受諾する

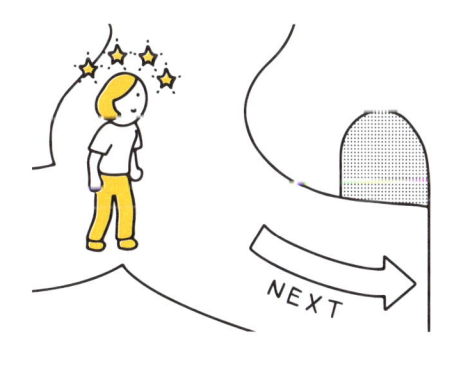

記録を活用する

なぜ記録するのか（記録の意味）、なぜ記録が大切なのか（記録することの価値）。それは、次の3点を守るためです。

①ケア（介護）の質を守る

介護経過の記録をもとに話し合い、チームのケア（介護）をつくる。

②法律を守る

公的介護保険において介護報酬を請求するための根拠となる。

③職員を責任追及から守る

社会的攻撃や非難から職員を守るための証拠となる。

このような記録の意味や価値については、新人研修などに組み入れて、職員に指導します。そうすることで、ほとんどの職員は「記録をすること」の意味や価値を理解することができます。

しかし、それでも記録をしない職員は出てきます。記録しようと思えばできるのに、意欲がわかないので記録しない職員というのは、「読まれない記録はゴミと同じだ」「記録があるから、介護がよくなったという実感がない」「誰が読んでいるのかわからない」という思いを抱えています。リーダーはそこに応えていきましょう。

ステップ**1**
記録を読み、
支援に活かす

ステップ**2**
記録をケアプラン／
サービスプランに
反映する

ステップ**3**
記録を踏まえて
会議で発言する

ステップ**4**
記録をもって
行政指導に
対応する

ステップ**5**
記録の意味と価値を
職員に伝える

CARE PLAN

SER -VICE PLAN

NEXT

勘所 5

記録を活用する

記録を読み、支援に活かす

1　記録を読むタイミング

　介護リーダーは出勤したら、まず記録を読み、その日のお年寄り（利用者）や一緒に働く職員の名前と顔を把握してから業務に入ります。

出勤後の介護リーダーの動き

①お年寄りの介護（ケア）記録（個別経過記録など）を読み、その日のお年寄りと職員の顔と名前を把握する。

②自部署の記録を読む（業務日誌、事故報告書、会議報告書、企画書、勤怠管理書類：遅刻・早退・有休・欠勤などの届け出、研修報告書など）。

③他部署の記録を読む。

④フロアをラウンドして、お年寄りに言葉をかける。

2　他職種の記録から、お年寄りの一次情報を把握する

　他職種の記録を読むことも大切です。そこには、介護職以外の視点からの情報が記されています。介護リーダーは他職種の記録を読み、お年寄りの状況をもう一歩深めてとらえて、支援に活かしましょう。

　相談員やケアマネジャーの記録

・初回面接（インテーク）の記録、入所するまでの経緯、生活歴など

・お年寄りは、何のため、誰のためにサービスの利用を決心したか

・本人と家族の希望は何か、関係はどうか

　　　⇓

介護保険サービスは、できることなら使いたくないと考える人もいます。自分のために介護サービスを使おうと思うお年寄りはあまりいません。たとえば、家族に迷惑をかけたくないなど、一番大切な人のためにサービスの利用を決心する傾向があります。そのお年寄りにとって一番大切な人が、後にキーパーソンとなっていきます。

勘所5　記録を活用する

看護師の記録
・病歴・既往歴、どんな医療機関を経てきたか
・現在受けている治療
　　　⇓
　病気が人に与える影響は大きいです。そのお年寄りの暮らしや生き方に、その病気はどんな影響を与えたのか。今まで受けてきた治療、医師などからの説明の内容をどのように受け止めているか。病気や障害とともにどのような人生を歩んできたのかをとらえ、日常の介護に活かします。

栄養士・調理士の記録
・お年寄りの食の好み（好物）、摂取量、栄養状態などが介護職と共有できているか
・栄養士とお年寄りの関係性はどうか（好物を食べるための工夫を行っているか）

リハビリ職の記録
・姿勢（例：座位・立位）を保持できるか
・動作（例：寝返り・起き上がり）を行えるか
・行為（例：排泄する・食べる）を行えるか
　　　⇓
身体状況、精神状態、介助のポイントを把握します。

図 他職種による行動への評価

姿勢・動作・行為	活動	
PT・OT・ST	看護・介護職	
評価	**観察**	

お年寄りの行動

○できる	○している 維持・継続に必要なことを検討する	→	できるからしている状況はよい状況。この状況を維持・継続するために必要なことを話し合い、実践する。
×できない	○している 評価間違い	→	できないと評価しているのに、しているという日常が観察されたということは、理屈上はあり得ない。よって、評価間違いだが、現場では時々この現象が見受けられるので、もてる力を引き出す介護につなげる。
×できない	○していない 理由・期間	→	できないからしていないのは当然であるが、なぜできないのか、その理由とできるまでの期間を明らかにして、寝たきりを予防する。
○できる	×していない	→	**押さえるべきポイントはできるのに、していないこと！**

↓

「できるADL」を「しているADL」にする。日常生活動作を日常生活活動にするために必要なことを明らかにして実践する（介護が変わる）。

例　**「できるADL」**　　　　　　　　　　　**「しているADL」**
・○ 座位がとれるのに、× ベッド上でオムツ交換　→ 座ってトイレで排泄
・○ 寝返りができるのに、× 全介助で体位変換　→ 本人が自分で寝返っている
・○ 食べることができるのに、× 経管栄養　　　→ 口から食べている

記録をケアプラン／サービスプランに反映する

1　他職種と連携のもと、ケアプラン／サービスプランを実施する

他職種と連携してケアを組み立てていくためには、介護リーダーが相談員やケアマネジャーと<u>直接話をする</u>ことが重要です。ステップ1で他部署の記録を読んでいるからこそ、やりたい介護・よりよいケアのための情報共有が他職種と介護リーダーでできるのです。

ケアの方向性を記録で共有する仕組みづくり

①本人・家族の意向、家庭環境、入所に至る経緯を相談員やケアマネジャーから直接聞く

　→経緯のなかでも、今までのクレームや他事業所とのトラブルを介護リーダーが相談員やケアマネジャーに直接確認します。そして、自社のケアでは同じような嫌な思いを本人・家族にさせないように配慮します。

②本人・家族の意向を確認するため、ケアプランを読む

　→内容が理解できなければ、ケアマネジャーに直接確認します（本人・家族の意向を理解せずに介護はできません）。

③介護リーダーは職員に、ケアプランに基づいたサービスプラン（介護計画、個別援助計画）を作成するように、書き方や書く時間も含めて指導する

④介護リーダー自身もお年寄り（利用者）の個人記録を記入する

　→介護リーダーの記録の仕方や記録内容が職員への「生のお手本」となります。よって、リーダーが記録しなければ、他職種と共有したり、職員に指導することもできません。

⑤記録を保管・管理し、誰もが読めるようにする

⑥記録委員会と一緒に、ケアの方向性を記録で共有できる仕組みをつくる

2　記録委員会の活動

　記録の書き方（入力）の指導は、介護リーダーだけで行っても日常的に職員に徹底してもらうことは難しく、職員が相互に教え合う環境がないと継続しません。そこで記録委員会を立ち上げ、記録委員とともに職員に記録の指導を行います。

　記録委員会は、①各記録の書式の作成と見直し、②記録の保管と管理、③記録の記入方法や目的などを勉強会で職員に指導します。

　記録委員会の立ち上げから定着の流れを以下に示します。

記録委員会の活動の進め方

【スタート〜半年後】

①委員会で話し合って書式（案）を決める

　→上司に報告し、書式の使用許可をとります。

②記録の勉強会を開く

　→勉強会では、記録を作成する意味・重要性、読み方・記入の仕方、提出方法を手元の資料を使って説明します。

　→新人・中途採用者などに対しては個別に対応します。

③記録の作成担当者を明らかにして、記録用紙を配布する

　→提出日、提出場所、提出方法も知らせます。

④記録を受け取る

　→提出した職員には明るく感謝をはっきり伝え、締め切りに遅れた職員には「大丈夫ですか？」と遅れた理由を心配してサポートします。遅れた理由が不明確で、いつも遅れたり、提出しない職員は介護リーダーに報告するように伝えます。介護リーダーは、提出しない職員が、記録の書き方がわからないのか、記録をとるこ

とに納得できないので記録しないのかを見極めます。

　また、記録委員会は最初から、記録内容の質は問わないように
します。まずは全員に提出してもらうことからはじめます。

【半年〜1年後：更新する】
①今、取り組んでいる介護の内容をそのまま介護項目別に文章にする
　　　　　↓ ●━━ これができたら
②今までの事故、苦情対応などで変更が生じた介護内容を加える
　　　　　↓ ●━━ これができたら
③職員（自分）がやりたい介護を文章にして介護内容として書き出す

　サービスプランの質的レベルは、職員の成長に合わせます。より充
実したサービスプランを立てられるように職員を指導し、必要時に更
新してもらいます。そのサービスプランを家族に説明し、実施してわ
かったことを加えて、再度サービスプランを作成します。このように、
記録の作成を通じてサービスプランをブラッシュアップ（改良）して
いきます。

　また、サービスプランを実施できるようにケアマネジャーとも話し
合い、ケアプランに反映してもらうようにします。

ステップ **3**

記録を踏まえて
会議で発言する

1 申し送りでの発言

担当職員が作成したサービスプランを盛り込んだ申し送りを介護リーダーが行います。その際、お年寄り（利用者）全員のケアプラン／サービスプランを暗記したり、毎日確認する必要はありません。その日、その時間帯で最も集中すべきお年寄りや業務を会議で指摘し、その経過を記録して、申し送りで継続的に見届けましょう。申し送りで介護リーダーが確認して伝えることと連携先は次の通りです。

・家族情報や希望の変化**→相談員**
・事故報告書をチェックし、転倒予防など、事故の再発防止のために必要に応じて書き直しの指示を出す**→リハビリ職**
・受診の経過や医師の指示を確認し、不明な点は質問する**→看護師**
・食形態の変更希望を食事指示箋などに基づいて伝える**→栄養士**
・職員の記録を読んで、次回面談時に介護職としての成長を認める**→職員**

2 サービス担当者会議での発言

サービス担当者会議は、私たちサービス提供者がお年寄りを選別したり、断ったりするための会議ではありません。自分たちの事業所・施設のサービスに申し込んだ方の困りごとに対して、「どうしたら継続的にサービス提供ができるか」について話し合う場です。会議にあたって、介護リーダーは職員や他部署の記録を読み込み、お年寄りを受け入れる意思を示します。

①利用者情報

その人の今までの生活や、自社のサービスを選んだ背景まで説明で

きるように、お年寄りに関する情報を記録から把握します。介護リーダー自身が把握し、記録で職員に伝えなければ、職員は不安になり、新規入所などの受け入れを拒絶したくなります。

②受け入れ体制をつくる

記録を確認して、新規のお年寄りが特別な医療行為を必要とする場合は、職員が学び、準備するための日数を要望しましょう。また、その方の居室環境を整えるときは、他部署等に協力を要請します。

③職員の不安

記録から、過去の事故や予想される事故、家族からの要望を読み取り、事故対策を実行します。さらに、事故が起きたときにどのような対処を行うか多職種でシミュレーションします。私たちの施設・事業所で亡くなられることになったとしても、本人・家族の納得が得られるケアについて考え、話し合います。

④ ADL（日常生活動作）の提案

「身体拘束はせず、オムツの使用からトイレへの誘導を促します。また、自立支援の目標として、機械浴から個浴、経管栄養から経口摂取を目指します」といったように、介護リーダーのやりたい介護を具体的に発言して、自分たち（チーム・フロア）のケアの方向性を本人・家族に理解していただくために、できること・やりたいことを介護リーダーから提案します。

自部署の職員だけでなく、他職種や他部署の職員の記録に目を通しているからこそ、リーダーはこれらの発言をすることができるようになります。「あなた（職員）の記録を私（リーダー）が読み、お年寄り・職員・家族のことなどを確認できたので、私は会議で発言することができました。このチームの記録の意味と価値は、私がそれを読み、記録を根拠として会議で自信をもって発言できることです」と言いきってください。

記録をもって
行政指導に対応する

1　自分たちの介護を、自信をもって伝える

　介護リーダーの仕事は、お年寄り（利用者）や家族の希望や願いを実現させるために、私たちがやりたい介護をやり通すことです。そのためには、施設・事業所は ①組織が安定している、②法的根拠を守る、③社会的信頼を得る、という３点が不可欠です。

　施設や事業所が社会的信頼を得ることは、現場の職員、お年寄り、家族だけではなく、現場には直接かかわらない人にも、よい介護サービスを提供している施設だと認めてもらうことになり、職員の自信につながります。さらに、そのことがお年寄りと家族にも安心・納得していただける理由の１つになります。

　その社会的信頼を得るための具体的な一歩が、行政指導（運営指導／実地指導）にしっかり対応することです。行政指導の担当者は、お年寄りのことも夜勤についてもイメージがありません。そのような介護現場を知らない人たちに、現場の事実にもとづいて自分たちの介護を正確に伝えられるものは、記録しかありません。「さあ、どこからでも見てください！」と、ワクワクした気持ちで運営指導／実地指導を受けられるように、自分たちが提供する介護の結果として、もっともっと見てほしい、聞いてほしい記録を整えましょう。

2　運営指導／実地指導時に用意する記録・書類例

　表にあげた書類は、一部の担当者だけで準備するのではなく、介護リーダーの指示のもと、チームで準備・対応します。運営指導／実地指導をきっかけに記録の整備・充実を進め、運営指導／実地指導を介護リーダー主体で、チームで受けていくことが求められます。

表 運営指導／実地指導時の準備書類一覧（例）

- ☑ 重要事項説明書、運営規定、料金表、利用契約書、平面図
- ☑ ケアプラン、モニタリング、サービス担当者会議の記録、利用者台帳
- ☑ 組織図、従業員名簿、雇用契約書、辞令、資格者証
- ☑ 出勤簿、勤務表（業務日誌）、勤務変更届
- ☑ 勤務形態一覧表
- ☑ 運営状況報告書
- ☑ 介護給付費明細請求書、利用料金請求書・領収書
- ☑ 加算している項目・加算請求根拠を示す記録
- ☑ 市町村（保険者）の介護報酬算定通知にかかわる記録
  　加算届け出と算定状況など
- ☑ サービス提供記録（経過記録）、医務課日誌
- ☑ 職員育成計画（年間計画）
- ☑ 法定必須研修の参加・実施状況を示す記録
- ☑ 各委員会活動報告
- ☑ 火災、風水害、地震の避難・救出訓練記録、BCP（感染症、防災）
- ☑ 事故報告・対策・取り組みを示す記録
- ☑ 緊急時連絡マニュアル
- ☑ 秘密保持契約書（全員分）
- ☑ 高齢者虐待防止法対応にかかわる書類
  　虐待防止の指針 ｜ 関係書類整備、マニュアル提示
  　身体拘束廃止の指針 ｜ 研修記録
- ☑ 苦情受付の仕組みと実際の対応を示す記録
- ☑ ストレスチェック
  　産業医のチェック（面談記録）→職員の健康診断結果
  　労働基準監督署届け出（年間計画で可）→衛生管理会議

各部署のリーダーが運営指導／実施指導の役割分担を進める（例）

チームメンバー

介護職
リハビリ職
栄養士・調理士
ケアマネジャー（相談）
医師・医務課（看護）
事務（経理・総務・請求）
その他（薬局・法人など）

チームに対してのリーダーの役割

記録・書類準備を手分けして、
各自の役割分担を知っておく
期日を決めて相互チェックする
不備があれば協力し合って記録
の整備を確実に行う
特定の人だけで対応せず、全体で
取り組むようにする

チームに対しての介護リーダーの視点

行政（介護保険課）は私たちの敵ではありません。
介護現場と行政は、「異なる立場から、よりよい介護サービスを継続して提供する」という共通の目標をもった「仲間・同志」です。わからないことや不安なことは質問して確認し、行政とともに自社の介護サービスを向上させていきます。
実施指導・運営指導などでは、行政からの講評や考え方などの言葉・文章をより具体的に、わかりやすくして介護リーダーから職員に伝えましょう。

職　場

記録の意味と価値を職員に伝える

　やりたい介護を実践するために、介護リーダーは記録を書く意味（目的や理由など）や記録の価値（大切さ）を理解し、その必要性を職員に伝えていきます。

　たとえば、ターミナルステージのお年寄り（利用者）が、「桜を見に行きたい」と言ったとします。その桜は、幼い頃に住んでいた実家近くの桜とのことでした。家族も最期に桜を見せてあげたいと言っています。しかし、その気持ちに応えるために車で移動すれば、交通事故に遭うかもしれません。車の移動がきっかけで状態が悪くなるかもしれません。花見をしているときに息をひきとられるかもしれません。私たちは、こうしたあらゆるリスクを想定して話し合い、準備をしますが、介護現場では想定を越えることが起こります。

　しかし、リスクにとらわれて、お年寄りの希望や家族の願いを無視しては、お年寄りは生きる希望を失い、家族は後悔し、職員はやりがいをなくします。何のための、誰のための介護なのか。自分がやりたい介護は何か。介護リーダーはしっかり考えて行動する必要があります。

　このとき、介護リーダーを支えるのが「記録」です。もしも桜を見に行った際に事故が起こったり、途中で亡くなられたりしても、日頃の経過記録、状態観察の記録、本人の意向を記したケアプラン・サービス担当者会議録、外出計画・報告書などがあれば、業務上過失致死や虐待致死、事故死、不適切ケアに相当する事項がないことを家族・行政・職員・施設・社会などに説明することができます。

　このように、記録は介護の質を守り、法律を守り、職員を責任追及から守るためにあります。職員の記録を読み、やりたい介護へつなげる介護リーダーの実践から、記録の意味と価値を職員に伝えましょう。

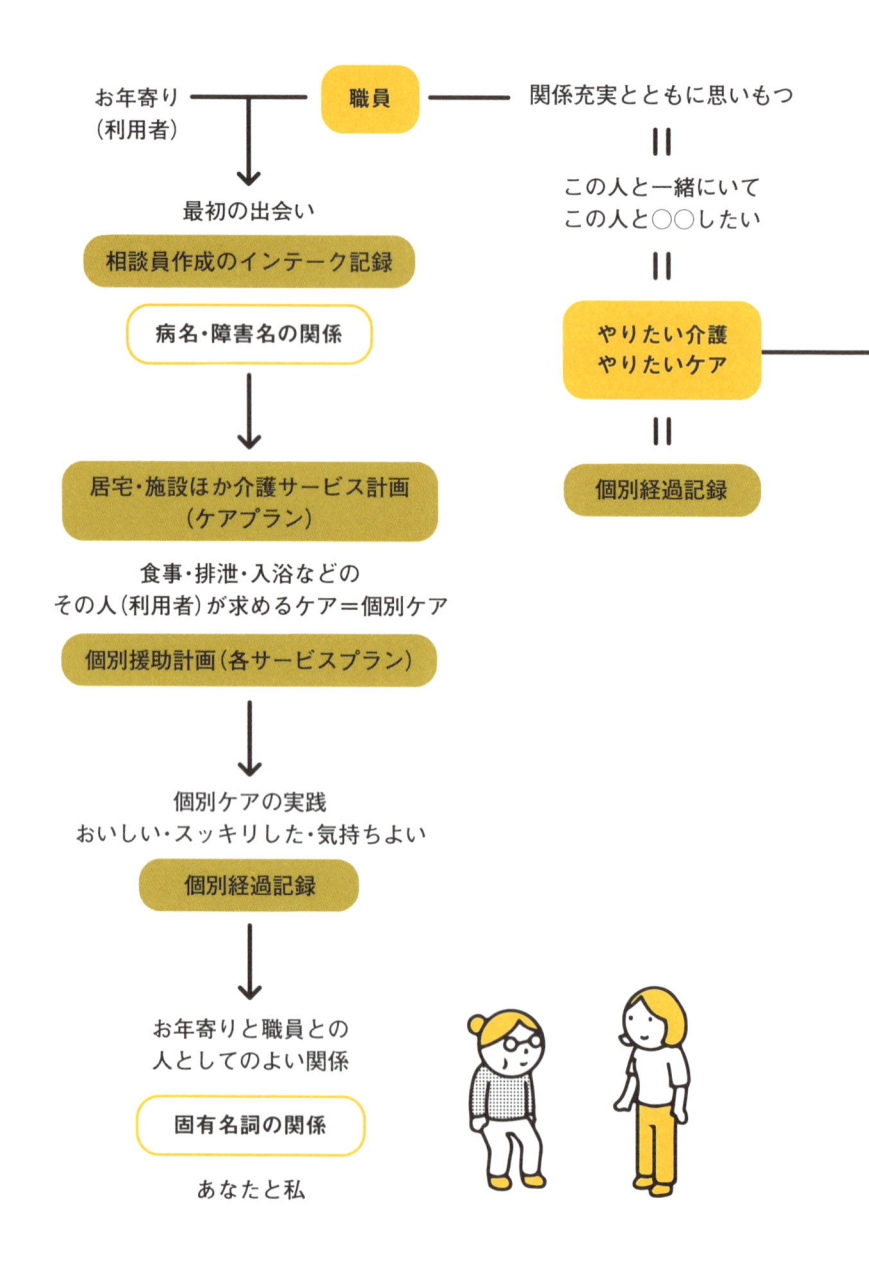

図 職員の思い（やりたい介護）が形（仕事）になるための記録

お年寄り　——　**職員**　——　関係充実とともに思いもつ
（利用者）

　　　　　　　　　　　　　　　　　　‖

最初の出会い　　　　　　　この人と一緒にいて
　　　　　　　　　　　　　この人と○○したい

相談員作成のインテーク記録

　　　　　　　　　　　　　　　　　　‖

病名・障害名の関係　　　　**やりたい介護**
　　　　　　　　　　　　　　やりたいケア

居宅・施設ほか介護サービス計画　　　　‖
（ケアプラン）

　　　　　　　　　　　　　　個別経過記録

食事・排泄・入浴などの
その人（利用者）が求めるケア＝個別ケア

個別援助計画（各サービスプラン）

個別ケアの実践
おいしい・スッキリした・気持ちよい

個別経過記録

お年寄りと職員との
人としてのよい関係

固有名詞の関係

あなたと私

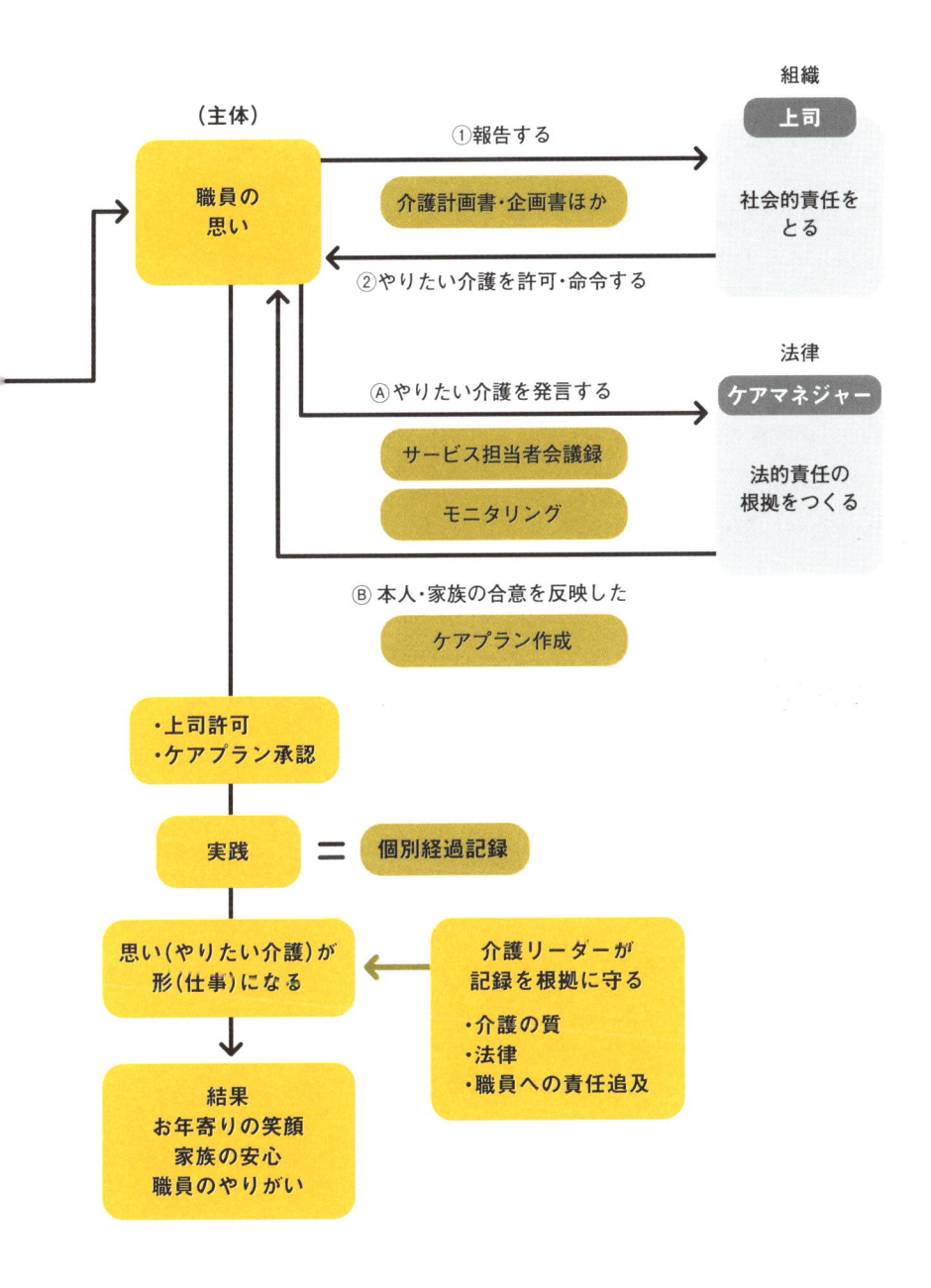

申し送りを行う

1　申し送りとは

　申し送りとは、情報を収集し、共有し、検討する場です。

　やるべき介護（本人・家族からの要望・希望）、やりたい介護（介護リーダー、職員の思い・考え）、やっている・やった介護（現実・結果）に関する情報をその場・その時の相手（一緒に働く職員、他職種・他事業所、本人・家族ほか）と情報交換し、これからの介護を見いだし、確認します。

　具体的には、職員に指導または話し合って決めた介助方法ができているかを確認し、できていたら正しく行えたかを観察し、できていなかったら、どうしたらできるかを検討します。

　食事・排泄・入浴を中心に、実践した介護がどのような結果になったかを共有し、検証して、これからの介護につながる申し送りを行えるようになりましょう。

2　申し送りのポイント

　申し送りはダラダラと時間をかけず、その日の集中力を引き出すセレモニーになるよう心がけます。興味のもてる申し送りの内容であればあるほど、職員の業務への集中度も上がり、「よし、聞こう」「よし、やってやろう！」という気持ちになります。

　介護リーダーは、私たちは何のために、何をしているのか。何をするのかを大きな声で、ゆっくりと、背筋を伸ばして、職員の顔を一人ひとり見ながら伝えましょう。

申し送りの種類を知る

　介護サービスの種別によって、申し送りの仕組みは異なります。それぞれの特徴を知って、確実に申し送りを行いましょう。

1　入居サービス

　入居サービスは、事業所（施設）とサービス提供場所とサービス利用者が同じ時間・空間に存在するので、施設内で情報共有の申し送りが完結するという特徴があります。

2　通所サービス

　通所サービスは、事業所とサービス提供場所は同じ時間・空間ですが、サービス利用者が事業所と自宅を行き来するので、そこにズレが生じます。その異なる時間・空間を他事業所の専門職に申し送りしたり、逆に受けたりする必要があります。時間のズレもあるので、すぐに情報発信する申し送りと、次の利用まで情報を保持しておく申し送りとで工夫する必要があります。

3　訪問サービス

　訪問サービスは、事業所とサービス提供場所が異なり、サービス提供場所である自宅にサービス利用者が固定され、サービス提供者が入れ替わります。自宅でどのようなサービスが行われたか、サービス提供がない時間に何があったのかがわかりにくい（密室化）ので、まずは自分または自身の所属する事業所がどのようなサービス（ケア）を提供したのかを発信することが大切です。申し送りによって、ほかの情報を積極的に得ることがサービスの質の保全として重要になります。

各サービスの申し送りの仕組みと特徴

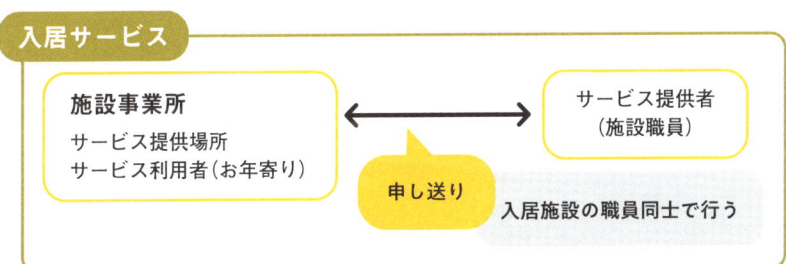

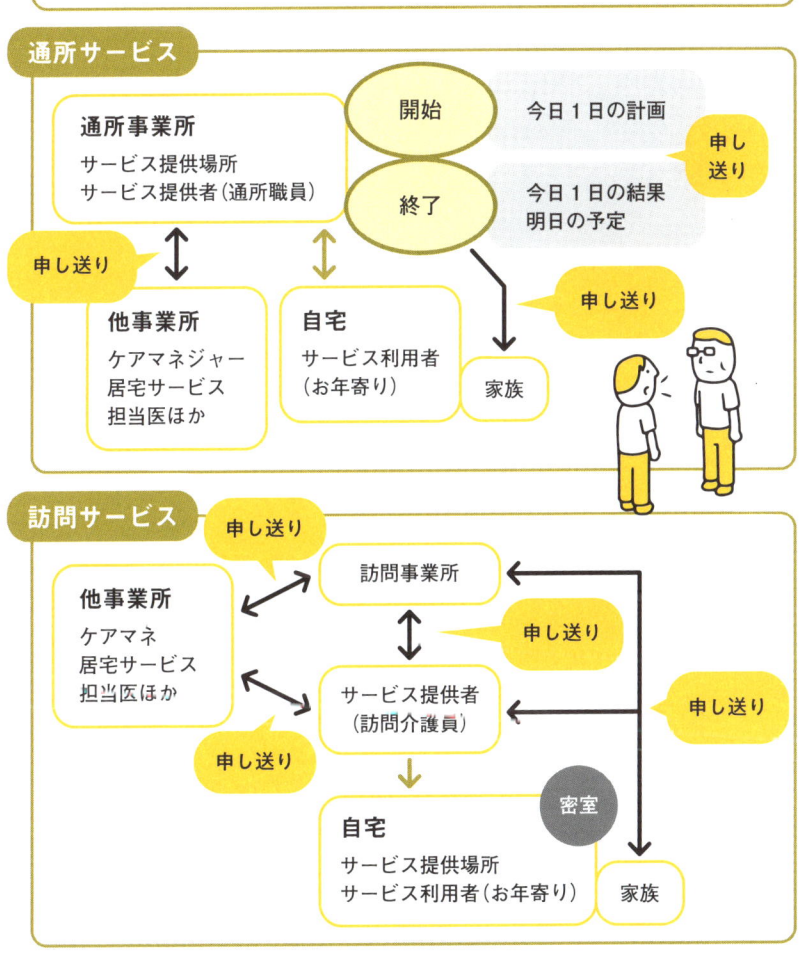

ポイントをおさえた
申し送りを行う

　申し送りがうまくいかないと感じるときは、以下の申し送りの基本を確認し、「リーダーの視点」を実践しましょう。

1　時間を確保する

　申し送りはシフトが入れ替わるタイミング（以下の矢印のとき）に行います。この時間を確保できているか確認しましょう。その他にも、朝礼・昼礼・終礼のときに行われます。

・夜勤明け➡早出➡日勤リーダー
・日勤リーダー➡その日の出勤者
・日勤リーダー➡夜勤入り

リーダーの視点
・1回の申し送りにかける時間の目安はおおむね10分〜 15分。
・文書・メールなどでの申し送りもあるが、直接顔を合わせる申し送りを大切にする。
・朝礼・昼礼・終礼との兼ね合いを調整する。

2　場所を確保する

　申し送りを行う場所は、フロア内、ユニット内、事務所付近、玄関周りなどがあります。その場所がお年寄り（利用者）にとってどんな場所かを意識します。

・お年寄りも参加できる場所にするか。

・お年寄りから聞こえない、見えない場所にするか。

3　参加職種の偏りをなくす

　申し送りの参加者を確認し、職種に偏りがないかを意識します。現場では、介護職だけでなく、相談員・看護師・栄養士・調理士・リハビリ職・事務・理事長・施設長・主任など、さまざまな職種が働いています。そのため、申し送りも介護職のみ、看護師のみなど、単独職種だけで実施しないようにします。

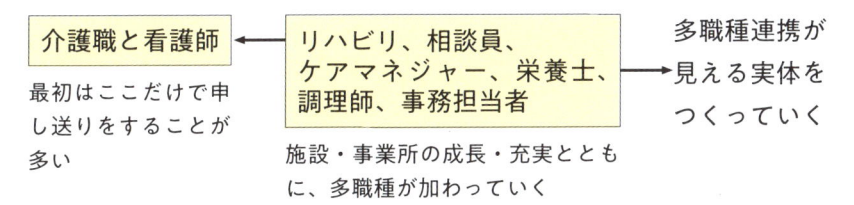

介護職と看護師

最初はここだけで申し送りをすることが多い

リハビリ、相談員、ケアマネジャー、栄養士、調理師、事務担当者

施設・事業所の成長・充実とともに、多職種が加わっていく

多職種連携が見える実体をつくっていく

4　内容を充実させる

　申し送りの内容が単調になっていないか、職員が興味をもって参加できているか、食事・排泄・入浴を中心とした申し送りが行われているか。お年寄りの気持ちに加えて、職員の感情も表現できているかも気に掛けます。

・その日の職員のケアに対する集中力を１つにする、セレモニー的な要素が申し送りにはある。

・参加者が「よし、聞こう！」「よし、やってみよう！」と思える内容にする。

勘所6　申し送りを行う

・職員各自の発言する力を伸ばす機会にする。

・顔をあげて、声は大きく、ゆっくり話す。言葉づかいを整える。

5　根本的な見直しが必要な場合

　介護職をはじめ、専門職としての自覚が高く、一定の意欲がある職員は、自分がサービス提供をしていないときの利用者の状況、他職種の取り組み、かかわる人（職員・家族・地域）の現在の心境などを知りたいと思っています。なぜなら、これらのことを知らないと自分自身がよりよいサービスを提供できないことを知っているからです。

　ところが、自身の専門職としての意識が低く、意欲が低下している職員は申し送りを軽視し、他の職員の申し送りから情報を得ようとしません。なかには、情報を得ることで自分の仕事が増えると思い、敬遠する人もいます。

　ここまで申し送りへの意識がバラバラになると、施設長の命令のもと、朝礼と申し送りを一体化するところからやり直さなければなりません。時間と場所を決め、施設（事業所）の全部署の職員が直接顔を合わせて情報を共有します。それが定着したら、必要に応じてお年寄りの生活圏を中心に整理していくようにします。

申し送りのやり方を見直す

　申し送りは、内容が確実に職員に伝わり、職場内で共有することが大切です。次のような方法で確実な申し送りができるようにしましょう。

1　ホワイトボード

　書いて掲示できるホワイトボードを活用しましょう。耳で聞くだけでなく、目で見ることで確実に職員に伝えることができます。

　ホワイトボードには、その日に勤務する職員の氏名、動き、お年寄り（利用者）の食事・排泄・入浴に関する情報、体調、特記事項などを記載します。

2　ノート

　ノートには、現場における取りこぼしがないように、申し送りの内容と結果を書きます。申し送りの内容は、3日、1週間単位で介護リーダーが見直します。

　経過を確認する必要がある申し送りでは、終了（解決）したものには「済（すみ）」印を付けます。誰が印をつけたかわかるように、サインを入れるようにします。いつまでも「済（すみ）」印がつかないものに対しては、再度、徹底して指導します。

3　メモ

　その日の申し送りに参加した職員と、参加していない職員をどのようにつなぐか。さらに、他部署への申し送りの行き違いをなくすことも考えなければなりません。そのために、メモを使います。メモには

職種が明らかになるような工夫をして、共有すべき全体情報を記入します。

4　パソコン

　リーダーはまず、パソコンの機能や仕様を理解し、なかでも各部署・各職種・各ユニットで連携した情報共有（申し送り）が即時・その場でできることを活かしてください。

　パソコンを使った申し送りには、開始当初は入力が徹底されなかったり、慣れないための不備を重ねる時期があります。この使いにくさが、慣れればクリアできることなのか、システム自体に問題があることかを丁寧に判断します。

5　口頭

　急ぎで重要なことを伝えるときには、介護リーダーが直接口頭で伝えることも必要です。しかし、申し送りに立ち会っているにもかかわらず、「知らない」「聞いていない」「わからない」と平気で繰り返し言う職員がいます。そのような職員に腹を立てても仕方がないので、通常の申し送りの後に、少し手間ですが、後で行き違ってトラブルになるくらいなら、その職員には個別の申し送りを行うようにします。

申し送りでの
伝え方を工夫する

　申し送りで求められるのは「プレゼンテーション力」です。プレゼンテーション力とは、伝えたいことを伝えたい人に、伝わるように伝える力です。

　申し送りは内容も大切ですが、職員が興味をもち、ケアに集中しようという気持ちになる伝え方を意識してください。たとえば、声の大きさ・言葉づかい・間合い・視線の合わせ方などを工夫して、誠実さや正確さを身体で示してください。自分（介護リーダー）が職員にどのような印象を与えるのかを、リーダー自身が知っておくことも必要です。

1　シーン別の申し送り

　申し送りの内容は、日々のケアだけでなく、行事や事故・クレーム、業務の見直し、施設からの注意事項など多岐にわたります。さまざまな申し送りに対して、介護リーダーは、一緒に働く職員が前向きにとらえて、意欲をもって働けるような伝え方をすることが求められます。以下に、伝え方の一例を示すので、参考にしてください。

①行事を盛り上げるための申し送り

　行事担当者の名前を出します（ 例① ）。この行事に対するお年寄り（利用者）の気持ちを加えて、その人にとっては特別な行事であることを伝えます（ 例② ）。

例①

「今年のひな祭りの実行委員長は田中さんです。田中さんにとっては、はじめて委員長として担当する行事なので、皆さんで盛り上げてほし

いと思っています！」

例②

「この前、利用者の佐藤さんとゆっくりお話ししたとき、「自分にとって、今度のひな祭りは最後のひな祭りだ」とおっしゃいました。そのときは笑って「まだまだよ」と答えましたが、お年寄りは毎年、これが最後という気持ちなんですよね」

②お年寄りの観察を明確にする申し送り

　具体的に経過がどこまで観察されているかを伝え（ 例③ ）、以降の観察ポイントを１つ提示して、職員の集中力を引き出します（ 例④ ）。

例③

「吉村さんの熱があがっています。現在まで痛みの訴えはなく、表情もしっかりしています。明日以降、検査結果が出て、発熱の原因がわかります」

例④

「原因がわかるまで、まずは現場でしっかり水分を摂っていただき、尿量を観察しましょう」

③事故・クレームで踏ん張るための申し送り

　介護に入る前に、事故やクレームを聞くと気持ちが暗くなります。その暗くなる気持ちを前向きにするように、具体的注意事項と心配な職員の名前を伝えます（ 例⑤ ）。

　言うに言えない気持ちが苦情となって言語化され、それを受け止めたリーダーの気持ちを伝えます。だからこそ一緒に頑張りたいという方向性を示しましょう（ 例⑥ ）。

例⑤

「前回、利用者の栗田さんが転び、ご家族からクレームが来ました。今日は栗田さんがいらっしゃいます。フロア会議で話し合って、みんなで練習した移乗方法で気持ちを集中してやってみましょう。特に食

事誘導の移乗に注意して取り組みますよ。池野くん、頼りにしてますよ」

例⑥

「ご家族と話をして「できることならこの施設は使いたくなかったけれど、家から近いからしかなかった」と言われました。こんな情けない状態で利用していただいていいのか？ ここを選んでよかったと思っていただけるように、今回のご利用をチャンスと思って頑張りましょう！」

④会議で決議された業務の見直しを現場に活かすための申し送り

会議で方向性や、話し合って決めた業務の見直しを、今日、今から現場で実践することを言葉にして言い切ります（ 例⑦ ）。

例⑦

「不平・不満を聞いて、会議で話し合って、ひとまず××してみようということになりました。言っていることとやっていることが違うことにならないように、今日は実行に移す第1日目です。○○に注意して、ぜひ××に挑戦してみてほしい。まずは今日の早番からよろしくお願いします！」

⑤管理側からの注意事項をファイトに変える申し送り

くやしい、ガッカリなどの負の感情を共感してなお、リーダーも職員たちと一緒に向き合うという態度を示します（ 例⑧ ）。

例⑧

「管理側から、清掃が不十分だと指導を受けました。そのときのことだけ見て言われるのはくやしいよね。でも、介護は見たままが結果だから、まずは今日は居室から掃除をしよう」

2　特定のお年寄りに注目するための申し送り

今日は集中してこのお年寄りのケアに当たりたいという人がいるときには、サービスプランをもとに職員の集中力を高め、サービスの検

証や経過を共有する申し送りを行います。

　サービス提供（ケア）の内容を、現場にいるからこそわかる具体的場面で説明します。すると、職員は今、自分たちのしているケアを相対化（自分のしていることを他と比べる）することができます。これにより、自分たちが行っているケアを自覚します。そのうえで、これから実践すべき介護を申し送りの場で伝えると、仲間と共有でき、「やらなきゃ」「やるぞ！」という気持ちになれます（ 例⑨ ）。

例⑨

「池田さんは食べこぼしが多いので、昨日から、車いすからいすに移って食べていただくようにしました。今のところ、朝食までずいぶん食べこぼしが減っているようです。しかし、手の位置・食器の位置はどこが一番よいかまだわかりません。今日は手と食器の位置をよく見てセットしてください。みんながしっかり見守ると、きっと、もっと食べこぼしが少なくなります」

3　業務改善を目標にするための申し送り

　会議で話し合ったことやケアプランの項目、施設・事業所からの指示や他部署からの申し送り事項などは、自分にとっての現実ではない観念的なこと（現実ではなく、頭の中だけで考えている）ととらえる職員がいます。彼らに対して、「今から働く私たちが現実のことにするんだ」という緊張感や集中力を引き出し、チャレンジへのファイトにしていきます。

　これからの展開を言葉にして、今日、チームに伝えたことは介護リーダーが最後まで責任をもって見届ける姿勢を示します（ 例⑩ ）。

例⑩

「先日話し合った食事誘導の方法は、「一度に大勢を連れてこない」でしたね。まずは、食堂に一番のりしたい木村さんからお連れしてください。昨日までとは違う、ゆっくりとおだやかな誘導で、利用者さんにびっくりしてもらいましょう」

申し送りを通じて
職員を育てる

　適切な申し送りを繰り返すうちに、職員の実力も上がってきます。次の項目を満たす現場を目指して、申し送りを実践しましょう。

1　申し送りでの変化

・申し送りのための時間・場所を確保し、共有するという行動が職員（多職種）に定着した。
・場所を確保し、事業所全体で申し送りの意義を認識することができるようになった。
・申し送りの参加メンバー（多職種）が安定してきた。
・人前で発言できる力をつけ、申し送りができる職員が増えた。
・ホワイトボードの使用やノートの工夫、パソコン入力、メール伝達、口頭、と申し送りの方法が二重、三重に工夫され、より正確に伝わるようになった。

2　申し送り内容の成長

・今、行っているケアを項目別に申し送ることができる（認知症ケア、食事、排せつ、入浴、ターミナルケアなど）。
・問題点について、想定できる対策を示すことができる。
・実際に行った対策・対応の結果を確認できる。
・継続すべき申し送り事項がきちんと引き継がれている。
・緊急事態には集合して、チームで情報を共有でき、実施したケア内容も共有できる。

申し送りを通じて、職員の成長を判断する

新人	・申し送りの時間・場所を認識している。 ・申し送りに遅れずに参加する。 ・メモを取るなどして、申し送り内容を正しくとらえる工夫をしている。 ・申し送りの内容を実践している。 ・その日の実践・観察のなかで、申し送り事項にする内容を自分で判断し、日勤リーダーや上司に報告できる。
中堅職員	・申し送りを行うことができる（発言したことを記録できる、口頭での個別連絡でも伝えられる）。 ・よりよい申し送りになるよう工夫している。 ・自分が行った申し送りが伝わっているか、実施されたか、確認している。
次期、日勤リーダー候補	・業務の組み立てができる。 ・申し送りでその日の業務の指示を出すことができる。 ・自分が行った業務組み立てや業務指示がどのような結果になっているのかを、申し送りなどで確認している。
日勤リーダー指名可能	・会議で自分の考えを発言することができる。 ・会議で決まったことを現場へ申し送りで伝え、実践できる。
次期、介護リーダー候補	・申し送りで業務の組み立てと指示の内容を確認して、結果を上司に報告できる。 ・申し送りの仕組みをつくり、定着まで見届けられる。 ・申し送りを根拠に、会議の議題を提案できる。

介護リーダー任命

面談を実施する

　介護リーダーと職員のコミュニケーションは大切です。コミュニケーションがとれていないと、職員同士の気持ちが通い合わず、不平・不満や不安が募り、働きにくい職場になります。この状態が続くと、お年寄り（利用者）を中心に業務が進まなくなり、よい介護を行うことができなくなります。

　コミュニケーションとは、相手の考えや自分の思いを伝え合って、お互いにわかり合うことです。介護リーダーと職員のコミュニケーションの方法には次の3つがあります。

①会議（勘所2）

　介護リーダー自身の考え方や方針を伝えて、チームが行う介護の方向性を話し合って決める。

②申し送り（勘所6）

　一緒に働く仲間に事実や思い・考えを伝えて、介護のやり方を互いに確認する。

③面談（勘所7）

　介護リーダーと職員が1対1で思いや考えを伝え合い、話し合いを重ねて望む方向に進む。

　この3つの中でも面談は、1人の職員のために時間と場所を確保することで、その人に集中して意思疎通をはかります。「私は職場で、よく職員と話しています」と言うリーダーがいますが、面談と立ち話（おしゃべり）は違います。面談は、その職員のために、介護リーダーが仕事として時間をとる行為です。そのことが「私のことを考えてくれている、見てくれている」という職員の安心感につながります。

面談のイメージをもつ

1　面談とは

　面談には、「上手な面談」と「下手な面談」があります。

　上手な面談は、面談を受けている職員が話したいことを話したいように話せて、話を聞いてもらえたと実感できる面談です。加えて、お互いの思いや考えが共有できると素晴らしい面談となります。

　下手な面談は、リーダー（＝上司）が一方的に話すばかりで、職員が受け身となり、「何だかよくわからなかった」という気持ちにさせてしまう面談です。

　最初から上手な面談ができる人はいません。相手（職員）を大切に思っているという、あなた（介護リーダー）の姿勢を整えることから始めて、回数を重ねていくと、少しずつ上手になっていきます。

　また、たった1回の面談で、職員から共感が得られ、介護リーダーが思うような結果が出る（これからの方向性が見つかる）ことはほとんどありません。むしろ、1回ですべてが伝わることなどないと思っていてください。

　何も伝わった気がしないという面談であったとしても、まずは「介護リーダーが職員とコミュニケーションをとる仕組みがこの職場にはある」ということを面談という体験から知ることが大事なのです。よい面談を意識して繰り返していけば、面談のときの職員の反応（泣く、笑う、怒るなど）に振り回されず、面談した後のことを落ち着いて考えられるようになります。

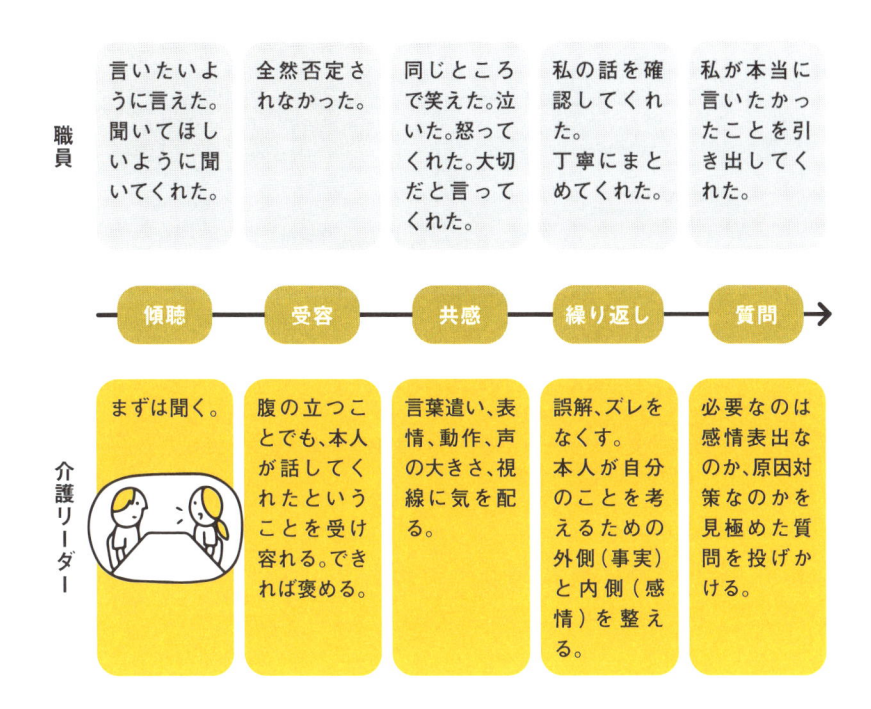

職員	言いたいように言えた。聞いてほしいように聞いてくれた。	全然否定されなかった。	同じところで笑えた。泣いた。怒ってくれた。大切だと言ってくれた。	私の話を確認してくれた。丁寧にまとめてくれた。	私が本当に言いたかったことを引き出してくれた。
	傾聴	受容	共感	繰り返し	質問
介護リーダー	まずは聞く。	腹の立つことでも、本人が話してくれたということを受け容れる。できれば褒める。	言葉遣い、表情、動作、声の大きさ、視線に気を配る。	誤解、ズレをなくす。本人が自分のことを考えるための外側（事実）と内側（感情）を整える。	必要なのは感情表出なのか、原因対策なのかを見極めた質問を投げかける。

2 落ち着いて面談するために、面談のイメージをもつ

①介護リーダーの介護観を整える

　介護観とは、「介護とは何かという自分の考え・思い」のことです。面談する前に、これから面談する職員の介護観を想像してみましょう。その介護観が自分（介護リーダー）と違っていても否定しません。否定はしませんが、あなたの介護観を丁寧に相手（職員）に伝え、相手との共通点を考えておきましょう。

介護観の相違（例）

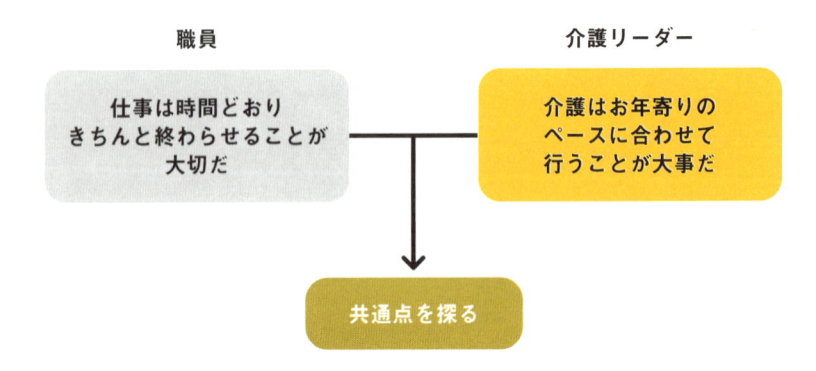

相手（職員）の介護観は尊重しますが、リーダーが納得できていないのなら、引きずり込まれないようにします。

対応例

「あなたの介護に対する姿勢・考えはよくわかりました（受容）。それが、あなたが一生懸命お年寄りのために取り組む原動力なのですね（共感）。今日は、それを直接聞けてよかったです（繰り返し）。できれば、次は私（リーダー）の介護について聞いてもらえますか（質問）」

②その面談に自分（介護リーダー）がどのような態度で臨むのか、想定しておく

職員を思い通りにしたり、相手にこちらの言うことを聞かせることが面談の目的ではありません。互いの思い・考えを重ねていくために面談を行います。

現実には、思い・考えを重ねる前に、リーダーの想定を超えるよう

な感情表出を職員がすることがあります。泣く、怒る、なじる、無視する、いすを蹴って退出する、下を向いたり、外を見て集中しない様子を見せるなどです。

　人は思い通りにはならないし、思い通りにしてはいけないということとは、人間関係の基本ですが、面談中の想定を超えた職員の感情表出は、あなた（介護リーダー）を驚かせ、緊張を高め、ときに怒りさえ引き出します。そうすると、感情と感情のぶつかり合いとなって、本当に伝えたい事実、正しい理解、根拠のある納得には行きつくことができず、誤解や嫌な感情しか残りません。結果、あなたが後悔することになります。

　よって、面談に臨む前に自分の態度を決めておく必要があります。そうすることで、大成功にならなくても、後悔のない面談にはすることができます。

自分の態度の例
・今回は聞き役に徹して、自分の思いを押し付けないようにしよう。
・いろいろ言いたいこともあるけれど、今回はこれ１つだけ言うように心がけよう。
・説明しても１回ではわかりにくいから、職員は何も答えないかもしれないけれど、それでもよしとしよう。
・本人（職員）には嫌なことを指摘するので、怒るかもしれないし、泣き出すかもしれない。その場合は、面談はそこまでにしよう。

　第3章「介護リーダーお悩みＱ＆Ａ」のＱ８に面談の流れを実際の会話で示しましたので、そちらも参照してください。

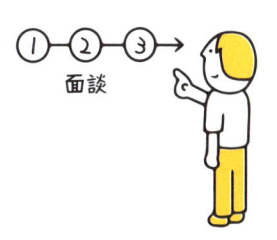

初回面談を行う

　今まで一度も面談をしたことのない職員と介護リーダーが最初に面談する場合は、緊張しますし、何を話してよいのかわからなくなるときもあります。思いが伝わらず、面談が失敗しても、あなたが職員のために一歩踏み出したことは事実です。それが大事なことです。失敗を恐れずに、まずは面談をしてみましょう。

1　面談の準備と流れ

　面談の準備と流れは次の通りです。慣れるまでは、型通りに行いましょう。

①面談の時間と場所を決める

→面談の場所を確保しておく。できるだけ勤務時間内に設定する（勤務表に組み込んでおくとよい）。

②職員に面談することを伝える

→面談する本人に、リーダーから直接、面談の時間、場所、目的を伝える。

③面談日に声かけする

→面談当日の朝などに、「今日は面談よろしくお願いします」と声をかけておく。

④面談場所のセッティングをする

→面談場所には、約束した時間より早めに行って、換気して、机・いすなどの位置を整えておく。

⑤座る場所を決めておく

→注意、指導などが目的の面談なら正面に座る。本人の気持ちを聞く

ことが目的の面談なら、90度横に座る。

⑥面談に来てくれたことへのお礼を述べる

→本人（職員）が面談場所に来たら、「忙しいところ、面談に参加してくれてありがとう」と言葉に出して、着座をすすめてお互いの呼吸を整える。

⑦面談開始時の挨拶をする

→「お仕事お疲れさまです。いつもありがとうございます。体調はどうですか。時間は大丈夫ですか」と言って始め、今日の面談目的を伝える。

⑧面談終了時の挨拶

→「今日は、時間をとっていただき、感謝します。これからもよろしくお願いします」と言って、面談終了を伝える。

2 職員の発言・態度別の対応例

　介護現場にはさまざまな職員がいますが、おおよそ次頁の表のようにタイプ分けできます。対応例を参考に面談してみてください。

職員のタイプ	対応例
「はいはい、わかりました」と、何にでもすぐ同意し、自分のことを言わない人	・「はい」の相づちでは対応できない話をときどき入れてみる。 　例：「私の話ってわかりにくいですよね」→「いいえ」と職員が言えたことで、その後話しやすくなることもある。 ・リーダーの思いを伝えるときに、一気に全部を話さないで、一話題ずつ区切り、相手のうなずきを確認しながら話す。
淡々と業務を行い、失敗なくこなすように介護する人	・リーダー自身の介護の軸（介護観）を照れずに語ってみる。 ・冷ややかに鼻で笑うような反応か、「私もそう思います」と前向きな反応かをみる。どちらの反応でも、反応があればそれでよい。
自分の経験や、いかに一生懸命介護しているかを熱く語る人	・語ってくれた介護が自分の思いと少しずれていても、自分に伝えてくれたことに感謝を告げる。 　例：「そうですか。そういう気持ちで介護されていたのですね。今日は、直接聞けてよかった。ありがとうございます」。今回はここまでとし、考え方や介護の仕方に問題があれば、リーダーの考え方を伝えてから指導する。
「やりたいんです。わかっています。でも、時間がなくて……」と言って、行動が伴わない人	・「このように直接話が聞けて、あなたが頑張っていることがよくわかってよかった。残念なのは、その頑張りが形になっていないことですね。私がリーダーとして、あなたにできることは何かを考えてみます」と伝える。
まったくやる気がなく、面談も面倒くさい感じで話にならない人	・リーダーにとって嫌な態度であったとしても、それがその職員の表現の仕方なので、まずは受け止める。イライラしてしまって、くどくどと言うのではなく、言うべきことを一通り言ったらあっさり面談を終了する。

定期面談を行う
（一緒に目標をつくる）

　緊張しながらも、あなた（介護リーダー）は初回面談を行いました（ステップ２）。面談は定期的に行います。２回目以降の面談では、次の３点を心がけ、面談を通じて、一緒に目標をつくるようにします。

1　２回目以降の面談で心がけること

①職員に安心感を与える

　面談で大切なことは、あなたにとっては不快で、異なる考え方や思いであっても頭ごなしに否定をせず、まずは相手の態度や言葉を傾聴し、受け容れて共感を示すことです。

　相手を変えようとするのではなく、職員に「介護リーダーが自分のことを少なからず気には留めてくれている、自分の思ったことを発言できる場がここにはある」と思ってもらえることが目的です。困ったときにはリーダーに伝えれば、対応してもらえるといった安心感を職員にもってもらうことからはじめます。

②介護リーダーがどんな介護をしたいのか語る

　お互いの思い（介護観）や疑問を確認し、話し合います。そのために、まずはリーダーがどんな介護をしたいのかを語り、職員が疑問に思っていることがあれば聞きます。また、職員の要望や提案に対しては、対応できることから対応します。

③職員一人ひとりの希望を把握する

　職員の不平・不満や不安に思っていることを聞き、そのうえでどうしたいのか、職員の希望を把握します。

2　承認し、課題を明らかにして、目標を一緒につくる

　上記の①②③を踏まえて、職員を承認し、課題を提示し、目標を一緒につくります。

①承認

　承認していることを伝えるために、言葉に出して言うようにします。最初はできなかったけれど、できるようになったことを共有します。

声かけ例

「出勤も不安定だったけど、今はしっかり出勤できているね」

「１人でなかなか勤務できなかったけど、もう、通常業務（夜勤など）は大丈夫だね」

「通常業務はもちろんだけど、新人指導もできるようになったね」

「もう、現場を任せられるようになりましたね。あなたが現場にいると、他の職員もお年寄りも安心します」

②課題

　本人の希望を聞き、介護リーダーの期待を言葉に出して伝えます。

声かけ例

「どんな勤務も、１人でできるようになりたいね」

「業務で気がついたことを記録して、変えたほうがよいことは会議で発言できるかな」

「新人指導の見直しをしてみませんか」

「あなたが変えてみたいと思う業務から、変えてみませんか」

「委員会活動で結果を出して、チームでケアに取り組んでみませんか」

「今できる介護を責任ある介護に進めるために、介護リーダーを目指してみませんか」

③目標

　介護リーダーが支えながら、一緒に目標をつくります。

目標の例

・通常業務ができるようになる。ミスがあればリーダーに報告できる。

・ケアや業務について提案し、手順を考え、結果を確認する。

・新人指導を通じて、自分の介護スキルを成長させる。

・取り組みを実績にして、自分の介護に自信をもつ。

・役職者としてまとめて、やりたい介護をやり通す。

　これらの目標をあなた（職員）が達成するために、介護リーダーの私があなたに何ができるかを明らかにすることを伝えます。

声かけ例

「通常業務のマニュアルを見ましたか。わかりにくいところは聞いてください。間違ったときは知らせてくださいね」

「あなたの業務に対する考えはとても大切です。言葉にして伝えてみましょう。応援しますよ」

「人を育てることで自分が成長する。それが人材育成です。私はあなたに任せてみたいのです」

「委員会活動、事故対策、新人指導、認知症の方への対応など、これらの一つひとつがあなたの実績です。その実績が自信の根拠となります。強くなりましょう」

「私はあなたのやりたい介護をこの現場で見てみたいです。一緒に頑張りましょう」

面談

不定期の面談を行う

　面談には、ステップ3で示した定期的なものだけでなく、不定期なものがあります。不定期の面談とは、リーダーが必要だと判断したときや職員から希望が出たときなどに実施する面談のことです。たとえば、表のような理由で面談を開催します。

表　面談のきっかけと目的

面談のきっかけ	面談の目的
体調が悪い、精神的につらい	状況次第では、業務内容を変更する
家庭・家族の状況が変わった	勤務や役割を見直す必要があるか判断する
職場の人間関係が不安定	両者の意見・気持ちを聞く
雇用条件が変わる	本人の意向と雇用主の考え方をすり合わせる
急遽の抜擢	本人への評価と期待を伝え、本人の意向を確認する
勤務態度が悪い	本人の事情と考えを聞いて、しかるべき指導をする
不適切ケアを行っている	何が不適切かを説明し、是正を求める
事故を起こした	いつ、どこで、誰が、何をして事故となったかの事実確認をし、法人（会社）の対応を伝える
虐待相当の行為をした	事実と本人の認識を確認し、法人（会社）の対応を伝える
退職の意向がある	理由を聞いて、退職しなくて済むように対応できないか、可能性を探る

※介護リーダーが単独で面接するか、上司などと複数で行ったほうがよいか、上司に確認する

　お年寄りを急がせる、無視するなどは、不適切ケアなので、よいケアに変えていかなければなりません。しかし、「あなたが悪いのだから、変えなさい」と決めつけて言われて、「はい、そうします」と言う職員はあまりいません。

　不適切ケアをする職員には、その人なりの正義や事情があります。まずはその事情、正義を引き出し、受け容れて、あなた（リーダー）の介護観をしっかり伝えましょう。そして、面談の後の職員の介護に変化があったかどうかをみます。

面談の進め方

1　面談に参加してくれた感謝を伝える
2　体調を確認する
3　面談の目的を伝える

リーダー：「この施設でのあなたの介護を振り返り、これからの介護につなげるための面談です。私があなたと一緒に仕事・介護をしていて気になることがあります。とても険しい表情やきつい態度で、お年寄りを急がせたり、無視したりしていますね。このことについてどう思いますか」

A職員：「そうなんですよね、ついやってしまうんです」「そんなつもりじゃないですけど、そう見えてしまうんですよね」

→本人が自分の不適切ケアを自覚していたら、どう変えていくかを話し合います。

B職員：「そうしないと仕事、終わらないじゃないですか。残業が増えてもいいんですか」

C職員：「私だって、丁寧な介護をしたいですよ。この人手不足の状況じゃどうしようもないじゃないですか」

D職員：「私にばかり言わないでください。他の人もしています。流

れに沿って仕事しないと気まずいんです」

→リーダーが納得できる内容ではないですが、自分の「正義」を発言しました。リーダーの介護観を言葉に出して、伝えましょう。

リーダー：「そんなふうに考えていたんですね」「そんな状況だったんですね」「直接言ってくれてありがとう」

リーダー：「私は介護って●●●●だと思っています（あなたの介護の軸（やりたい介護）を伝える）。あなたの介護は●●●●になっていないので、不適切なケアだと判断しました。あなたはどう思いますか」

職員：「私だってそうできればいいと思いますよ、だけどね……」

→リーダー自身の課題として発言します。

リーダー：「よかったです。思いは同じでしたね。今日はあなたと面談できたので、これからは、残業の見直しと再検討をし、人手不足を解消するために募集、研修をしっかり行います。また、チーム全体の問題として、これからは今度の会議の議題にします。今日は面談してよかった。これからもよろしくお願いします」

ステップ **5**

面談の仕組みをつくる

1　職員面談を計画的に行う

「この法人・会社・施設・事業所は、問題があってもなくても、職員から申し出をしてもしなくても、随時または定期に面談がある。その面談の仕組みがあるから、私（職員）の意見・思いは、ここでは確実に上司・リーダーにつながる」と、職員一人ひとりが確信していることが、職場の安定をつくります。

　忙しさを理由に面談せず、職員と向き合うことから逃げる介護リーダーは、職員の不安をあおります。それが、現場の混乱につながります。介護リーダーになったその日から、職員面談を計画的に行いましょう。

表1　**各部署のリーダーが面談の定期計画を立てる（例）**

面談実施者	面談対象者	時期
ユニットリーダー	ユニットの常勤・非常勤職員	上期・下期に各1回 →ボーナス査定につなげる
チームリーダー 部長・主任	ユニットリーダー・チームリーダー	年度末に1回 →昇給・昇格につなげる
プリセプター	新人	4月・10月に各1回 →新人育成プログラムにつなげる
プリセプターの直属上司	プリセプター	3月・4月・10月に各1回 →プリセプター担当者の成長につなげる

表2 定期面談の時期と実施者・対象者

時期	面談内容	面談実施者	面談対象者
4月	プリセプター面談	プリセプター（先輩）	プリセプティ（新人）
	新入職者面談 ※中途採用者は入職月、3か月後・半年後を目安に面談する	直属上司	新人職者
5月	―	―	―
6月	上期面談 ※11月〜5月の評価を伝え、7月ボーナスに反映する	ユニットリーダーなどの介護リーダー	ユニットなどの常勤・非常勤のチーム職員
7月	夏のボーナス支給		
8月	―	―	―
9月	―	―	―
10月	プリセプター面談 4月の新入職者 フォローアップ面談	プリセプター（先輩）	プリセプティ（新人）
11月	下期面談 ※6月〜10月の評価を伝え、12月ボーナスに反映する	ユニットリーダーなどの介護リーダー	ユニッなどの常勤・非常勤のチーム職員
12月	冬のボーナス支給		
1月	介護福祉士国家試験 受験前面談	直属上司	受験者

	目標面談		
2月	※今年度の目標達成状況を確認して、新年度の目標をつくり、新年度昇給・昇格に反映する	ユニットリーダーなどの介護リーダー	ユニッなどの常勤・非常勤のチーム職員
3月	昇給・昇格(内示)異動(内示)内示通達面談	チームリーダー部長・主任	ユニットリーダー・チームリーダー
	プリセプター面談※プリセプター終了と評価、振り返り、今後の期待を伝える	プリセプター	プリセプティ

2 面談シートをつくる

面談では、聞きもらしがないように、質問する項目を書き出しておきます（共通項目・個別項目）。また、面談の内容・本人の発言・リーダーの発言も記録しておきます。次回の面談で確認する継続課題を記入し、上司に報告します。

面談では、プライベートのことなども話題になることがあるので、面談シートの保管には十分注意します。

介護リーダー
お悩みQ&A

NEXT

人間関係・コミュニケーションにかかわる悩み

Q1 年上の部下に対する指導が苦手

　自分より、年齢も経験も上の職員が部下になりました。その職員に課題がある場合、どのように伝えるのがよいでしょうか？生意気だと思われるのではないか心配です。

A 個別の課題は面談で伝えるようにしましょう。

　経験のある年上の人が部下になれば、一定の配慮や心配をするのは当然で、それが意識できているのはとても素晴らしいと思います。社会人として、「年上である」とか「経験がある」ことに対して、基本的な尊敬を示すうえで、日頃から敬語を使って対応するという心得は大事です。加えて、部下に対しては「あなたが働きやすいように、私が支えますし、責任を取ります」という態度を、年上であろうが年下であろうがきちんと示すことが重要です。

● 個別課題の伝え方

　その職員の課題については1対1の面談で伝えましょう **勘所7**。面談の前に、まずは自分が思うその職員の課題を一度紙に書き出してみましょう。

課題の例①：いつも「時間通り業務を終わらせて、ほかの職員に迷惑をかけたくない」と発言している。その思いが強くなると、お年寄り（利用者）の気持ちを後回しにした業務（ケア）をしてしまう。

課題の例②：会議で話し合って、ケア内容を変更することが決まっても、新しいケアを積極的に実施しようとしない。

次に、介護リーダーは上司として、面談では何を目的に、職員にその課題を伝えようとしているのかを整理しておきます。あなた自身がその課題の何を問題と考えているのか、それを課題だと言い切る根拠は何なのか。その職員に何を気づいてもらいたいのか、事実を認めてもらうのか、変わってもらいたいのか、反省を求めるのか。このように上司であり、リーダーであるあなた自身の考えを整えて、その人のための時間と場所を用意して、少し緊張するとは思いますが、その人の目を見て面談を行い、**「あなたはもっとできる人だと思っているし、あなたの責任を私が取れることを私はとても誇りに思っています。だからこそ、今日、本当のことを私はあなたに伝えました。今、私が思うあなた自身の課題について改めて考えてほしい」**と正面から落ち着いて、率直に伝えましょう。

ポイント

1　年齢に関係なく、部下には社会人としての尊敬を示します。
2　面談の前に、職員の課題を一度紙に書き出し、自分の考えを整理します。
3　率直に伝えるのが一番よいでしょう。

プライベートを優先する<mark>若者</mark>への接し方

　私は現場経験20年目の介護リーダーです。最近、入職してくる若者とのジェネレーションギャップに悩んでいます。人手不足で困っているのにプライベートを優先しようとします。私の時代には考えられないことでした。強く言うと辞めてしまいそうで、結局私がサービス残業せざるを得ません。燃え尽きそうです。

A **あなたが頑張ってきたからこそ、こういう時代になったのです。喜びましょう。**

　あなたはどんな思いで20年もリーダーを務めてきたのでしょうか。納得のいく仕事と温かい家庭を両立していきたい、長く働けるやりがいのある職場をつくりたい。そういう志があって、リーダーとして職場を引っ張ってきたのではないでしょうか。そして今、プライベートを優先できる人たちが出現したということは、まさにあなたが目指していた職場が実現されたということですね。当時「プライベートを犠牲にしてでも仕事が絶対」「強制される真心・やさしさ・奉仕と献身」「先輩より先に帰るな」といった矛盾と苦労の時代の経験があるからこそ、新しく入る職員には自分と同じような経験をさせたくない一心で、あなたはリーダーとして職員教育を充実させ、業務の見直しを進めてきました。その成果を今の若い世代が謳歌しているわけです。

　ここに至るまで、特に女性職員が多い介護の現場では、ときにプライベートを犠牲にしてでも頑張ってきた先輩たちの相当の努力がありました。おいしいところだけを若い世代が奪っている気がして、「そんな簡単にプライベートを優先だなんて言わないで」と思ってしまう気持ちは、同世代の私も十分理解できます。しかし、今の時代そんなことを口に出してしまってはハラスメントになります。この機会に、喜ぶべき現実を「ジェネレーションギャップ」としか思えず、心から

<u>喜べない自分を一度見つめてほしい</u>と思います。

● サービス残業を改善する

「結局私がサービス残業せざるを得ない」とあることから、このリーダーは残業代も出ないのに、気づいた人だけが残った業務を片付けるというのが嫌なのでしょう。職員が定時で退社できることはよいことです。サービス残業があるのは、定時退社した人が問題なのではありません。<u>サービス残業が出てしまうような業務の見直しを、管理側と現場で行ってないことが本当の問題です</u> **勘所1**。

　サービス残業が発生しているという事実を目の当たりにしたのであれば、今度はそれを課題にして改善しましょう。決して後退でもなければ、ジェネレーションギャップでもないので、燃え尽きる必要はありません。これまでの20年間、より厳しい課題に向き合ってきたあなたは、新しい課題もきっと乗り越えることができます。

ポイント

1　働きやすい職場はあなたが頑張ってきた証です。
2　モヤモヤした気持ちは理解できますが、決して口に出してはいけません（ハラスメントになります）。
3　サービス残業が生まれてしまう業務体制を改善しましょう。

Q3 休暇申請が **<u>LINE</u>**

20代の職員が有休をとる際、当日に「体調不良のため今日はお休みします」とLINEで連絡してきます。当日の朝も困るし、LINEという手段もどうかと思います。どのように指導したらよいでしょうか。

A 組織として利用ルールのないLINEグループはつくらない。勤怠に関する連絡は原則電話で行う。

● LINEは利用ルールを定める

どこの介護現場でもLINEがトラブルの種になっているようです。便利なツールというのは、便利であればあるほど人の生活や心に食い込んでくるため、一定のルールを定めておかないと、ときにリーダーや職員を追い詰める凶器にもなります。

施設や事業所で使用するLINEを立ち上げる際には、<u>利用ルールを明確に定め、参加メンバーを限定し、LINE開設に対して誰が責任を負うのかを明らかに</u>し、理事長や施設長に立ち上げの許可を得る必要があります。そして、<u>この理事長や施設長から開設許可が出ているLINEグループのみを公式のものとして扱い</u>、現在勤務している常勤・非常勤などの職員のみが参加し、異動や退職をしたらその人には速やかにグループから外れてもらいます。

このLINEで書き込まれるのは業務上周知が必要な情報です。お年寄り（利用者）や職員の個人情報が含まれることもあるので、<u>在職の職員以外に見せないことを徹底</u>しましょう。

● 勤怠連絡は原則電話で行う

ご質問の勤怠に関する連絡は「<u>原則電話</u>」を徹底すべきです。なぜかというと、特に今回のような休みにつながる体調不良などの連絡

は、直接本人の声を聞いて、正確な身体状況や病院に行くかどうかの判断、予想される次の出勤など、今後の対応のために確認しなければならない項目があるからです。本人が電話口に出られなかった場合には、同居家族に体調を確認しなくてはいけないですし、一人暮らしで本人が電話口に出られないほど弱っているのであれば、施設長やリーダーは自宅に行かなければなりません。

職員の勤怠連絡でLINEを使うとしたら、災害が起きて電話がつながらなくなった場合や、どこかに閉じ込められた場合など、ほかの方法では自身の状況を伝えることができない状況にのみ許可します。

今回の場合、事前にルールをつくらずにLINEの開設を許可したことが問題です。本人を指導する前に、施設側の体制の見直しと勤怠連絡の方法をルール化しましょう。

ポイント

1　LINE は利用ルールを定め、参加メンバーを限定して、業務連絡を目的に使用します。
2　施設長等に許可を得た LINE のみを公式のものとして扱います。
3　勤怠に関する連絡は、「原則電話」を新人教育の段階から徹底します。

外国人介護職員への接し方

外国人介護職員が入職してくれました。彼らにどのように接したらよいでしょうか。ポイントがあれば教えてください。

A **職員向けに協力してほしいことを説明する機会を持ちましょう。**

外国の方が入職する際は、事前に職員向けにどういう経緯で受け入れることになったのかを説明し、全部署の職員に協力を依頼しましょう。そして、外国の方が入職する前に、担当プリセプターを個別に決定しておきます。事務担当者（人事・総務）は新入職者の個別情報を整理して、担当するプリセプター（業務上の指導係）に伝えて、介護リーダーとともに支援方法をチームで共有しておきます。

また、プリセプターとは別に、生活全般をサポートするメンターを配置します。指導や指示の際には、細かな言葉の壁があるので、抽象的な表現ではなく、わかりやすく具体的に伝えることを一緒に働く職員に心掛けてもらいます。

外国人介護士のポイントは、緊急時対応と記録です。その課題を乗り越えることで、夜勤や送迎、一人訪問などを任せられるような人材へと成長します。

● コミュニケーションのポイント

外国の方は不安な気持ちで日本に来ています。呼びかける際は「ちょっと」や「あの」ではなく、その人を名前で呼びましょう。1人でいたら輪に誘ってあげてください。そして、失敗しても何度でも繰り返し指導して、フォローしましょう。

外国の方が、「私って役に立たないのかな……」と元気をなくしていたら、「大丈夫ですよ。日本に来て緊張しているかもしれないけども、日本であなたがされた嫌なことをお年寄り（利用者）にはしない。

日本に来て嬉しかったことをお年寄りにする。そこを押さえていれば、立派な介護職になれますよ」と直接、言葉で伝えてあげるとよいですね。

ポイント

1 事前に職員に外国人介護職員が来ることを伝え、協力を求めましょう。
2 指示や指導は具体的な言葉で伝えましょう。
3 不安が和らぐように名前で呼んで、私たちから話しかけていきましょう。

参考文献：糠谷和弘『イラストと図解でわかる施設長・介護リーダーの仕事術』中央法規、2024年

2 人材育成・指導にかかわる悩み

Q5 新人にやる気がない

やる気がなく、気配りもできずにぼーっと突っ立っている新人がいます。どうしたらやる気になってくれるのでしょうか。それを指摘すると辞めてしまいそうで強く言えません。

A 誰が見ても内容が伝わる業務マニュアルをつくりましょう。

今の日本に、意欲がとても高く、積極的に気配りもできて、テキパキと最初から動ける新人などいません。むしろそういう人は、いずれ疲弊して自滅します。

新人といわれている人は、外側から見ればやる気がなく、気配りもできず、ぼーっと立っているものです。なぜなら、何をすべきかわからない、何をすべきかがわかったとしてもやり方がわからない、やり方がわかったとしてもなぜそれをするのかの意味がわからないからです。それらを具体的に示し、一つひとつ乗り越えていくために、まずは業務マニュアルが必要です。

● 誰が見てもわかりやすいマニュアルを

未熟で混乱している新人からすれば、教えてくれる先輩の言うことが、人それぞれで違うということが辞める最大の理由になります。そのため、どの新人が見ても同じ内容が伝わるような業務マニュアルをつくりましょう 勘所1 。

せっかく新人が入職してくれたのです。新人育成をきっかけに、業務マニュアルをチーム全体で話し合いながら見直し、誰が新人につい

てもわかりやすく説明できるように工夫します。

　やる気になってほしいと新人に要求する前に、先にいる職員一人ひとりの実技能力を高め、

①寝たきりにしない・させないための手順とその意義

②今までの生活習慣を継続する方法とその意味

③もてる力を最大限に活かす手技とその理由

をチーム全体の先輩たちがして見せて、言えるようになるための研修会を開催してください。そして、新人のための研修会や面談の計画を立てて、実施することに力を注いでください。**勘所7**。

ポイント ─────────────────

1　やる気がなく、ぼーっと突っ立っているのが新人です。

2　誰が新人についても、同じように、わかりやすく説明できる業務マニュアルをつくりましょう。

3　新人向けの研修会や面談も計画しましょう。

次の介護リーダーを育てたい

介護リーダーを３年やっています。そろそろ次のリーダーを指名しようと考えています。信頼できる職員がいるので打診してみましたが断られてしまいました。こうした職員に介護リーダーになってもらうには、どうしたらよいでしょうか？

A **リーダー業務を書き出し、まず１つ任せてみましょう。**

介護リーダーの業務を書き出したことはありますか。書き出していくと、勤務表の作成や記録の見直し、事故報告書の確認や委員会活動の支援や面談など、いくつもの業務に分解できると思います。

いきなり「介護リーダーをやらないか」と誘うと断られてしまいますが、「勤務表をつくってもらえないか」「新人の指導をやってもらえないか」「事故報告書を見直してくれないか」などと、リーダー業務のうちの１つか２つを複数の職員に割り振って頼んでみましょう。自分でやった方が早いと思うかもしれませんが、頼んだ職員が期日通りに進められるか、任された業務を間違わず行えるかをサポートし、自分以外の職員が各リーダー業務をマスターした体制にしていくことが次の介護リーダーを育てることにつながります。

● **業務分担をきっかけに、業務を整理**

介護リーダーの業務を書き出し、仕事を振って、チェックをするのはなかなか大変です。たとえば、期日が守られないということは業務量が多いのか、内容が難しいのか。間違いやすいということは何かがわかりにくいのかなど、任せてみてわかったリーダー業務の内容を更に整理して、職員の反応からリーダー業務のさらなる簡素化、効率化に役立てます。

そして、チーム全体で割り振ったリーダー業務の分担を経て、職員

の中から積極的にその業務に取り組み、間違えないように努力する人が台頭し、次のリーダーとしての頭角を現すはずです。

　また、複数の職員にリーダー業務をふることで、リーダー業務の大変さを理解してもらえることになります。こうして、リーダー１人が抱え込まなくとも、協力者や理解者がいるという環境の素地を万全に整えた後、再度リーダー就任を打診してみましょう。

ポイント

1　いきなりリーダーを打診せず、まずはリーダー業務の１つをふってみましょう。
2　そうした職員を増やし、リーダー候補を育てる素地を整えます。
3　複数の職員の中から適性をみて、再度リーダー就任を打診してみましょう。

3 困った職員への対応に関する悩み

Q7 職員からの悩み相談が苦痛

　職員からいろいろな悩みを相談されて困っています。その人は機嫌を損ねるとふてくされたり、夜中まで電話をかけてきたりします。頼られているのだから、しっかり対応しなきゃと思い対応してきましたが、プライベートな時間がなくなり、だんだん苦痛になってきました。

A 解決策は普通に接すること。夜中の電話は緊急性の高いもの以外は対応不要です。

　これは「共依存関係」と言い、とてもまずい状態で、改善しなければなりません。リーダーも職員も、自分に自信がないがゆえに相手の顔色を見て、自分が必要とされる人間かを試しています。

　このような「依存性の強い」人の特徴は、やたら噂を流したり、体調が悪いような態度をとったり、突然辞めると言い出したりして、他からの注目を浴びることで自分の価値を確認しようとします。そうしていないと、介護をする自分や職員として働く自分に自信がないので、周囲からの注目が途切れると不安になります。その不安が解消されないと、更にはリーダーからの注目を求めるようになるのです。

　この行為はエスカレートしていきます。この職員は、リーダーが夜中に自分からの電話に出てくれるかを試しています。最初は職場で話していたのに、個人（リーダー）へのメールから電話へと進み、とうとう真夜中や早朝にかかってくるようになる。他者へ重荷をかけても、自分との関係が切れないかどうかを試して、自分の価値を測ろう

とします。このような人に対して、機嫌が悪くなるのが面倒だと思って、ついつい注意もせず付き合っていると、依存関係がますます強化され、行きつく先は、どちらかが病気になったり、仕事を辞めることになります。

● リーダーもこの関係に酔っている

実はこのリーダーもまた、リーダーとしての自分に自信がないので、「リーダーにしか話せない悩み」と相手から言われて、「私がいないと困ると思ってほしい」と思っているところがあります。ゆえに共依存関係なのです。「私っていないと困るよね」「私はまだあなたに注目されているよね」とお互いを試す行為は、職場においては一方が力尽きるまで繰り返されます。お年寄り（利用者）に迷惑をかけないためにも、このような関係はリーダーから降りなくてはいけません。

それは、職員を遮断したり、無視したり、遠ざけたりすることではありません。その態度は、かえってとても意識しているということになります。では、どうしたらよいかと言うと、「普通」に接するのです。夜中にまた電話がかかってきたら、緊急かどうかを聞き、緊急でないなら「明日、職場で聞きます」と返せばよいだけです。その普通が「できない・しない」というのなら、どちらかがつぶれるまで続くことになります。

ポイント

1　緊急時以外は、夜間に電話対応する必要はありません。

2　職員から頼られることが、実はあなたにとっても快感になっていませんか（共依存）。

3　避けたり遠ざけたりするのではなく、普通に接しましょう。

パワハラ気質な職員へのアプローチ

　職員に対して、上から目線で高圧的な態度をとる職員がいます。自分では教育、指導だと思って正義感で言っているようですが、周りからはただ怖がられていて、パワハラという声もあがっています。そのような職員にどのように話をするのがよいでしょうか？

A 勘所７の面談の手順に従って、正攻法で対応します。

　何かしらの課題や困った点がある職員については、即座に注意した方がいい人と、時間と場所を変えてじっくり注意指導した方がいい人がいます。

　即座に注意した方がいい人というのは、自分でも悪いと思っているけどついやってしまう人です。一方、今回の相談のように、一定の信念やこだわりをもち、自分は正しいと思っている人は、その場で注意してもあまり効果がなく、時間と場所を変えてじっくり話し合うことが大事です。勘所7 を元に、今回のケースでの面談の流れを説明します。

● **面談の流れ（１回目）**

　面談の冒頭ではまず、「今日は忙しいのに面談に来てくれてありがとう」と感謝を伝え（❶）、本題に入る前に必ず「体調は大丈夫ですか」と聞きます（❷）。そして、「何か不安や不満はありますか」と、あなたの話に耳を傾けるつもりだということをまずは示します（❸）。

　続いて面談の主旨を説明します（❹）。それでも、向こうから「今日は何の話ですか？」と聞かれたら、「今日あなたに改めて来てもらったのは、話があるからです。あなたが介護を一生懸命していることは、みんなが認めていることです。これは間違いのない事実ですけれども、

図1 面談の前に決めておくこと

1 本人の介護観（私が思う・考える介護）の見当を付ける

2 介護リーダーが伝えたい
介護観を再確認する
自分の見方・考え方（＝介護観）を
整えておく
→ 面談者と共通点はあるか
働きやすい職場か

3 今日の面談でどこまで
伝えるかを決める
落としどころを決めておく（例：伝え
るだけ、事実確認、言いたいことを
言ってもらう、反省してもらうなど）
→ 自分がうろたえないために、
相手の態度を想定しておく
（例：泣く、怒る、無表情、
いすを蹴って退室など）

4 1回の面談で人の態度は変わらない。数回繰り返す。

図2 面談の流れ

1 感謝　　2 体調の確認　　3 傾聴　　4 主旨説明

5 受容と共感（繰り返し）

6 反省したらここで終了する

7 反論してきたら、いったん全面的に肯定する

面子を立てて、余地を残す

→ 「私が介護リーダーとして未熟でした。力が及ばない点があるので、Aさんの力を貸してください。ついては、このようにしてくれると助かります」

8 態度が改まらなかったら注意勧告

9 それでも変わらなかったら介護リーダーは手を離し、
懲罰委員会にかける

あなたの言葉遣いや態度が他の職員さんにとっては、大きなプレッシャーになっているのではないかと私はとても心配しています」と話を切り出します。すると、「最近は若い子がぐずぐず自分勝手にやっていて、あれでは終わりませんからね。私のときにはあんなの許されなかったですよ。誰も注意する人がいないもんだから、私が言うしかないじゃないですか」といった反応があれば、自分自身が強い態度を示していることに本人は自覚的なのだとわかります。

　その言葉を受容し、「手順の悪い職員さんがいると焦りますよね。何度言っても理解できない職員さんがいると、事故を起こすんじゃないかと思ってヒヤヒヤしますよね」といったように、相手への受容と共感を示します（⑤）。そして、「あなたは長い経験の中でこのフロアをしっかり守ろうと思い、業務手順の追い付かない人や気づきの足りない職員に対して、もっと頑張ってもらいたいという気持ちで声かけをしているっていうことですよね」とさらなる共感を繰り返します。傾聴・受容・共感を繰り返すことによって、リーダーは頭ごなしに自分を否定するために呼び出したのではないのだと相手は思ってくれます。

　その後、本人から「時代が変わりましたからね。あんまり強いことを言って本人の負担になるんだったら逆効果ですね。私も考えなきゃいけないですかね」といった発言を引き出すことができれば、ここで面談は終了です（⑥）。

　しかし、「あんな調子でやったら仕事は終わらないし、残業が増えちゃってやってらんないですよ。大体リーダーが指導しないから、こういうことになったんじゃないんですか」と更に強い調子に発展する場合もあります。その場合には、「段取りを考えないで、自分のペースで仕事する人が増えましたよね。どんな業務だって一緒に働く仲間と力を合わせなきゃ終わらないのに、力を合わせられない人多くなりましたよね」と全面的に肯定します（⑦）。「やっぱり今日面談してよかった。私がそこを指導しなくてはいけないのに。今あなたがおっ

しゃったように、私は介護リーダーとしての力がまだまだ弱いんですよ。最近は、職員本位で仕事をする人、周りと力を合わせられない人、ついつい言葉が強くなる人が見受けられます。本当に申し訳ないけれども、Ａさんのお力を借りたい。Ａさんほどのベテランの人になんとか、自分の都合で仕事をする人や言い方のきつい人、仲間と連携の取れない人の間をつなげてほしい。Ａさんだからこそできることだと私は思います」と伝えます。Ａさんの先ほどの発言を踏まえてのリーダーの発言なので、Ａさんは否定しようがないはずです。これが1回目の面談です。

● 面談の流れ（2回目）

その後、1回目の面談を経てＡさんの態度が変わるか変わらないかを現場で直接観察します。Ａさん自身が「リーダーは私のことを言ってるんだ」と気づいて、態度が変われば問題ありません。しかし、Ａさんが面談内容を勘違いして、さらに他の職員に高圧的な態度をとってしまう可能性もあります。その場合は、2回目の面談を行います。

Ａさんに「**この間の面談で、私が力を貸してほしいと言ったばかりに、Ａさんには本当に頑張っていただいてありがたく思います。ただ、その熱心さゆえに、Ａさんの言い方がしんどい、怖いと言う職員も出てきています。私の言い方が悪くて、ごめんなさい**」と伝えます。ここで注意することは、「あなたのことを悪く言っている職員がいます」と本人が捉えると、Ａさんの戻る場所を失くす可能性があるので、慎重に言わないといけません。

今度はＡさんが「知っていますよ。なんか私のこと陰でこそこそ言っているんでしょ」と言い、「**いえ、陰ではありません。Ａさんから威圧されて、とても緊張するという相談があるんですよ**」と、ここではっきりＡさんの口調が強いことを伝えます。「私は前からいつもそう言われるのよね……」とＡさんに自覚があることを確認できたら、「**本当にごめんなさい。Ａさんは元々そういう人じゃないですよ**

ね。そういう強い言い方をしたのは前回、私が力を貸してくれって言ったから、頑張られたんですよね。そうさせてしまったのは私ですよね。Ａさんは、本当はお年寄り（利用者）にも職員にもとっても優しい人で、とっても一生懸命なのに、私が力を貸してくれってお願いしたものだから力が入ってしまって、なのに意地が悪い、一緒に働きにくいってＡさんが言われるのは、私はつらいです」と、<u>注意勧告します</u>（**8**）。

　ここまで話すと、Ａさんの方から辞めると言い出すことがあります。介護リーダーはその可能性もあることを覚悟して、腹をくくって、「あなたの人格や介護を否定しているのではない。職員に対する言葉が強すぎる」ということを再度、明確に伝える面談に臨まなければなりません。反対に、ここまで話しても態度を改めない場合は、次の面談で懲罰委員会にかけることをＡさんに伝え、介護リーダーは今後の指導を管理側（リーダーの上司）に渡します（**9**）。

　なお、現に働いている職員から、ある特定の職員のハラスメントに困っていると相談された場合には、原則ハラスメントの相談窓口の設置が義務付けられているので、そこに相談するよう促し、介護リーダー単独で対応することはやめましょう。

ポイント

1　勘所７の面談の手順に従って対応します。
2　最初の面談では否定せず、全面的に肯定します。
3　数回の面談を経ても態度が改まらなければ、懲罰委員会にかけます（介護リーダーの手を離れ、管理側が対応）。

Q9 何かあったらどうするの症候群

「何かあったらどうするんですか！」と言って、お年寄り（利用者）に何もさせない職員がいます。口説き方がわかりません。教えてください。

A 面談で対応し、会議で改めて施設の方針を伝えましょう。

この場合も **Q8** で述べた面談 **勘所7** が有効です。面談では「今日は忙しいのにありがとうございます。体調はいかがですか？」から始め、「今、現場で困っていることありませんか？」と聞きます。本人から「最近は職員があれもこれもお年寄りにさせたがるので、私は怖くてたまらないんですよ」という言葉が出てくるとラッキーです。

本人からそういった発言がなかったら、「この施設はできるだけお年寄りの身体拘束をせず、行動性を広げてもらうことを方針にしているけれども、いかがお考えですか？」と聞き、「私もその方針には納得しています」と言うのか、「納得できないんですよ」と言うのか、まずは本人の意見を引き出しましょう。

どちらの反応だったとしても、「〇〇さんは経験もあるし、いろんなことにお気づきなので、心配なんですよね」と言い、「そうなんですよ。前にこんなことがあって大ケガさせたじゃないですか」「こんなことがあって家族から文句言われたじゃないですか」「こんなことがあって職員が辞めたじゃないですか」と、生活を制限する発言の背景を、この職員の経験から引き出します。

● 不安はチームで共有する

お年寄りの行動制限をしないことに消極的な理由には、過去に自分が体験した嫌な気持ちを職員にさせたくない、またはご家族につらい思いをさせたくない、何よりもお年寄りをそういう目にあわせたくな

いという思いが根底にあることを探ります。そして、「今日面談でき
てよかったです。〇〇さんのその気持ちを次の会議で共有させても
らっていいですか?」と許可をもらいましょう。

　面談を受けての会議では、この職員の思いを共有して、それでもな
お、介護のすべてが行動制限につながっていったら、お年寄りが寝た
きりの生活になってしまうことを示します。それは、事故を起こすこ
とと同じ、またはそれ以上のつらいことになると介護リーダーのあな
たが発言してください。お年寄りを思っているのに、現実には行動制
限をしてしまう。この矛盾から抜け出すには介護技術やチームワーク
が必要なので、「本人・家族の意向を整理して、着実にやっていきま
しょう」というメッセージを職員みんなに伝えます。

　反対に、お年寄りを思った発言ではなく、「面倒くさいじゃないで
すか」「仕事が増えるじゃないですか」「要望が次々出てくる悪い癖が
つくじゃないですか」と言う職員に対しては、改めてそれで私たちは
お給料をいただいているのだとはっきり伝えてください。そして、「あ
れもこれもしないというのは、いわゆる行動制限であって、つまりは
身体拘束です。身体拘束は虐待相当と判断されているので、うちの施
設ではそういうことはやりません」ときっぱり伝えます。「今後、相
当する発言があったら指導対象になるのでよろしいですね」と注意し
ましょう。

ポイント ━━━━━━━━━━━━━━━━━━━━━━━━━

1　面談(勘所7)で、発言の背景にある気持ちを探ります。

2　お年寄りを思っての発言の場合は、その気持ちを会議で職員と共
　有します。

3　お年寄りを思っての発言でない場合は、過度な行動制限は身体拘
　束になり、虐待と判断されると明示し、引き続き同様の発言や行
　動がある場合は、指導対象になることを伝えます。

Q10 <u>マイナス発言</u>をする職員に飲み込まれてしまう

　認知症の症状が重い人の新規相談が来ると、その場にいる職員4人のうち1人が「今の状況じゃ受け入れるのは厳しいんじゃないか」とマイナスな言葉を発し、「そうだよね」と周りにいる人もマイナスな言葉しかでてこなくなります。私が「まだやってみてないし、その人だって、感性が豊かとか、いいところがいっぱいあるかもしれないよ」といっても聞いてくれません。どうしたら、前向きな雰囲気に戻せるでしょうか。

A 同じ時間・空間を共有する人だからこそ言える愚痴は大切。

　一言で言うと、<u>このリーダーには辛抱が足りません。</u>

　たとえば、認知症のお年寄り（利用者）には「大声を出す」「殴りかかる」「歩き回って転倒する」といった、思わぬ行動がいっぱい見られますよね。認知症のお年寄りがいる毎日には日常的に起こるので、「怖い」「嫌だ」「面倒くさい」「なんで私ばっかり」といった気持ちが職員に溜まり、職員が数人集まったときにぶわーっとあふれ出てきます。真面目で責任感の強いリーダーからすると、お年寄りの悪口を聞かされているようでつらいかもしれませんが、そういった<u>職員の負の感情にもしっかり耳を傾けないといけません。</u>

　<u>職員のマイナスな言葉は家族が感じた「介護負担」そのものです。</u>そのお年寄りと一緒に暮らしていた家族は、地域の人から苦情を言われたり、親族からあなたの介護が足りないと指摘されたり、何より自分の介護がダメなんだと自分を責めてきました。これらが認知症のお年寄りを介護する「介護負担」です。あなたが職員の口から耳にした負担の感情を家族もずっと受けてきて、もうどうにもできなくなって私たちの介護サービス（今回は入居サービス）の利用を決心したのです。

家族は誰にも介護負担による負の感情を吐き出せずにいました。なぜなら、介護負担から引き起こされる負の感情を言葉にすることは、「本当に大変」「いつまで続くのかと思うと嫌になる」「いなけりゃいいのに」「本人も誰もわかってくれない」など、本人への「悪口」で表現されるからです。親の悪口は言ってはいけない。言えば自分がみじめになると思っているので、誰にでもなかなか言えません。なので介護ストレスは溜まり、家庭介護が破綻したわけです。そして、今職員は家族と同じ体験をして負の感情を抱きましたが、私たち介護職にはチームがあります。チームは家族、親族とは違うので、集まって介護ストレスを発散させることができます。

● **感情を出し切ると介護の見方が変わる**

　職員にはひとしきり言い終えると、すっきりした瞬間がやってきます。もう全部言い切ったというときに、ふと「じゃあ薬飲んでおとなしくしてもらうか」「じゃあ精神科行っておさらばしてもらおうか」「じゃあ、ウチでは無理ですってはっきりさっさと断ってしまおうか」と言ってみます。シーンと静まり、「薬を飲ますのはかわいそうだね」「いまさら病院ってのも悔しいよね」といった感情が引き出されます。感情が引き出されると、次に「だったらどうするのよ！」と、方法を考えなければならなくなります。お年寄りを拒否するための阻害因子が、受け容れるための「克服因子」（＝介護の意味）へと変わります。そうです。リーダーは「職員の感情が思考に展開される」まで、辛抱が必要なのです。心ある介護リーダーには、お年寄りの悪口は聞くに堪えない言葉かもしれませんが、それは本気で介護した人間だけが持つ感情でもあります。同じ時間と空間を共有する人だからこそ言える愚痴はとても大事だという視点をリーダーは持ち、それを受けます。

　ベテランの介護リーダーになると、このマイナス発言を取り上げて会議 **勘所2** を開き、阻害因子を克服因子に変えることを会議で進行します。ここまでできたら一人前ですね。

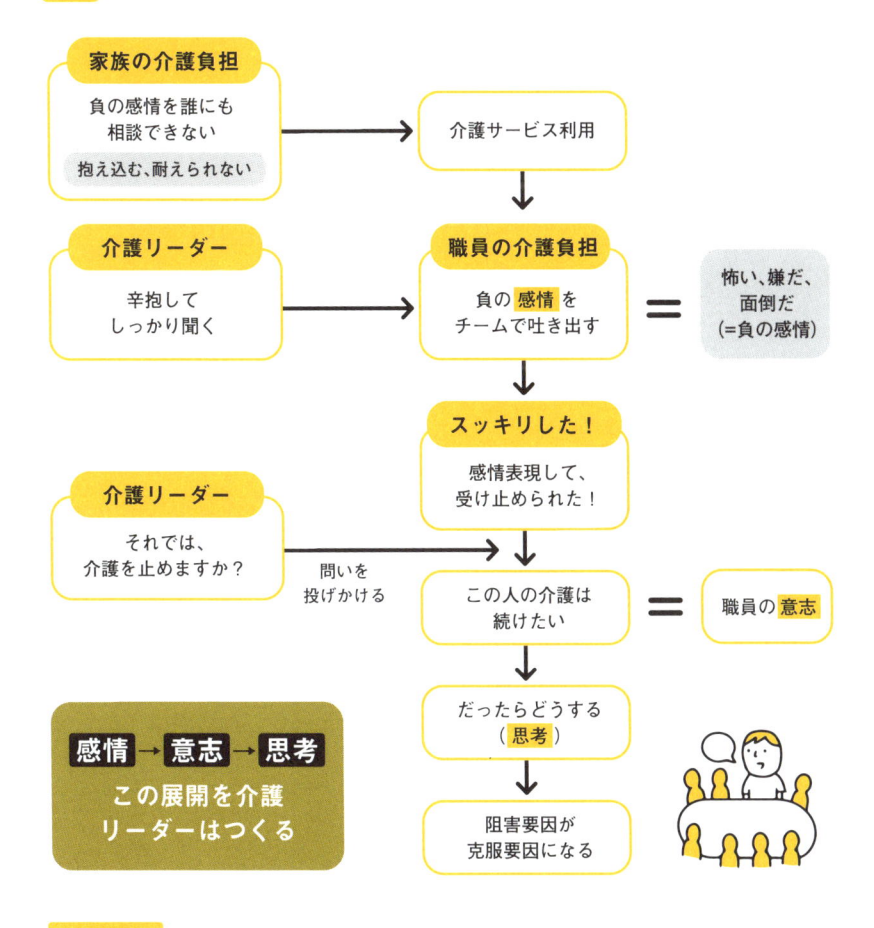

1 職員の愚痴（負の感情）にしっかり耳を傾けましょう。

2 負の感情を出し切ると阻害因子（受け容れられない理由）が克服因子（受け容れるための介護の意味）に変わります。

3 リーダーは職員の感情が思考に展開されるまで辛抱強く待つことが必要です。

4 会議にかかわる悩み

Q11 参加率が低く、職員からの<u>発言がない</u>

会議の参加率が低く、特に新人職員からの発言も少ないです。どうしたら改善できますか？

A 自分に置き換えて、出席・発言しない理由を考えてみましょう。

職員は会議に参加してみて、<u>この会議では新しいものが得られないと感じてしまったら、もう参加しません</u>。ただの連絡事項の共有ならば、メールや申し送りの確認だけでよいと判断されるからです。

会議というのは、顔と顔を合わせて、同じ時間・場所で、意見Aと意見Bが出合うことによって、新しい見解Cを生み出すための場です。新しい見解として求められる事項が議題です。言い換えれば、<u>魅力ある議題があれば職員は参加する</u>ということです。<u>議題は1、2か月前から用意して、事前に参加者に共有しておきましょう</u>。

加えて、この質問はよく聞かれるのですが、そのたびに私は介護リーダーに「あなたは新人の頃から会議によく参加していましたか」「会議に参加したときにはズバズバと発言していましたか」と聞き返します。今はリーダーなのでしっかり発言していると思いますが、誰もが最初から会議で意見をズバズバと言えていたかというとそんなことはないはずです。

会議で発言しなかった理由を聞くと、「議題の意味や議事進行の流れがわからなかった」「こんなことを言ったら人に迷惑をかけるんじゃないかと思った」「発言したら全部自分がやらなきゃいけなくなるのかなと思うと言えなかった」というのが挙がります。

● 自分が新人だった頃を思い出す

　会議に参加しない、発言が少ない人がなぜそのような行動を取るのかは、自分に置き換えて考えるところから始めると確実です。自分が新人の頃、こういう理由で発言できなかったので、目の前の職員もそうかもしれないと仮説が持てるわけです。

　議事進行の流れがわからないのであれば、途中で一度、ここまで話し合ってる内容をまとめてみる。「仮に異なる意見が出たからといって、一方的に批判したり仲が悪くなったりすることはないですよ」「発言したからといって、発言した人に全部の仕事を任せるわけじゃないです。それは私が約束します」と司会進行担当としてきちんと言葉で示していきます。そこに座っている発言しない人を新人の頃の自分だと思って、当時の自分に今の自分が話しかけるように進行してみてください。

> **ポイント**
>
> 1　新しい見解が得られるような、魅力ある議題を提示します。
> 2　議題は1、2か月前から用意し、参加者に共有します。
> 3　自分が新人だった頃を思い出して、進行しましょう。

司会進行がうまくできない

会議やミーティングを開催すると、職員の武勇伝のお披露目や愚痴大会になりがちで、途中で何のための会議だかわからなくなります。司会進行をスムースにするにはどうすればいいのでしょうか。

A **愚痴は現況であり、そこから問題をとらえ、改善するための会議として進行しましょう。**

コロナ禍で対面の会議や申し送り、面談がなくなり、なおかつお昼ご飯までも「黙食」で、職員との直接のコミュニケーションが取りにくい状況があった時期を経験しているので、会議の場でも、同じ時間、同じ場所で直接意見交換することの大切さをより強く感じますね。

武勇伝や自慢話が出たときには、「すごい！」「さすが！」と合いの手などを入れて、ときにはみんなで拍手の1つでもすると区切りがつき、会議の本筋に戻りやすくなります **勘所2** 。

愚痴に対しては、「そういうことあるよね」と共感し、「他の人もこういうことある？」と司会者から投げかけてみましょう。愚痴は現況を反映したものなので、「〇〇さんだけじゃないんだ。〇〇さんが自分の気持ちを言ってくれたから、みんなの気持ちが引き出せました。ここには共通した問題があるよね。それはなんだろうね」と、愚痴をきっかけに現況を分析し、問題点は何かと話し合い、そこから業務を見直す展開をつくります **勘所1** 。共有された愚痴から、問題の本質を会議で見極め、そのために何をするかを決める話し合いに変えていきましょう **勘所2** 。

● 会議をどこまでやるか、あらかじめ考えておく

時間が足りないようでしたら、会議の前にあらかじめ、落としどこ

ろ（問題点を引き出すところまでか、目標を定めるところまで話し合うかなど）を決めて開催する必要があります。会議の前に、先輩格の職員やいずれリーダー候補となる職員2、3人と、事前会議を行って、議事進行（役割分担）と落としどころを確認し、協力してもらうのもよいでしょう。

図　司会進行の進め方

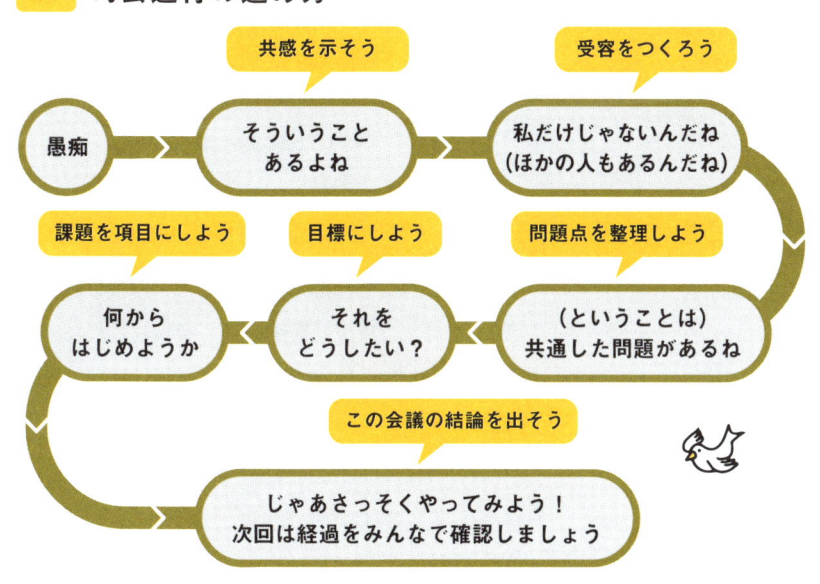

ポイント

1　同じ時間・場所・仲間で直接、意見交換することは大切です。
2　職員の愚痴（＝現況）から問題をとらえ、解決（業務改善）にもっていきましょう。
3　時間が足りなくなる場合は、あらかじめ落としどころを決め、先輩格職員にも進行に協力してもらいましょう。

★5 チームマネジメントにかかわる悩み

Q13 **職員になめられてしまっている**

　私が指示したことに対して、職員は「また言っているわ」といった態度で業務を遂行せず、報告も不十分です。なめられてしまっています。チームづくりを1からやり直すにはどうしたらよいでしょうか。

A **就業規則違反であることをリーダーと職員両方が知る。チームづくりは、共通の言語・体験・価値観をもつことが必要です。**

　リーダーをなめている職員に対しては、 勘所4 のステップ4「就業規則を守る」が参考になります。1回目の就業規則違反では、面談 勘所7 でまず「リーダーの指示を行わなかった」という事実を認めるか、認めないか本人に問います。認めるのであれば、なぜそういう行動をとったのか、認めないのであれば、指示の内容が理解できていたのか確認していきます。改善がみられないようであれば、リーダーの指示を守ってもらうまでこの面談を繰り返します。そして、指導が困難と判断した場合、このままでは就業規則違反者になってしまうので、上長に報告します。

● 共通項を意識的につくり出す

　チームづくりを1からやり直すことに関しては、 勘所の1〜7 を実行するに尽きます。ポイントとしてまとめると、共通の言語・体験・価値観です。共通言語というのは、互いに通じる言葉をもつということです。そのためには、研修の年間計画と実施が必要です。そして、

共通の体験というのは、ターミナルケアや認知症のお年寄りのケアといった、特定のお年寄りを他職種とともに集中して最後まで見届け、尊敬・感謝・感動を共有するということです。そして、共通の価値観は同じことを大切に思えるかということで、展開される介護の中で、リーダーが心を込めて職員を褒め、会議、面談などでお年寄りからの学びを伝えることで育まれていきます。

1　業務を遂行しない職員には就業規則違反を面談で伝えます。
2　チームづくりは勘所1〜7の1つから取り組みましょう。
3　職員と共通の言語・体験・価値観をもてるようにしましょう。

チームをうまく**まとめる**ことができない

　職員の年齢が10代から70代までおり、共通言語や共通の感覚が持てません。チームをうまくまとめられないのは、私の人間力のなさゆえと落ち込んでいます。リーダーに向いていないのでしょうか。

A　勝手に落ち込んでないで、介護リーダーとしての「判断と決心」をもつために、勘所1〜7を再度読み直してください。

　チームマネジメントは複雑なもので、即効性のある、これをやれば絶対大丈夫といった決定的な解決策はありません。ぜひ 勘所1〜7 を参考にして一つひとつ取り組んでもらいたいと思います。

　さて、ご質問に対しては、「10代から70代で世代に幅があるから、共通言語や共通の感覚が持てない」と決めつけているリーダーがダメです。仮に世代差があったとしても、同じ時間を過ごし、同じ空間にいて、同じお年寄り（利用者）とかかわっているという共通の現実がすでにあるにもかかわらず、なぜリーダーが共通体験を生み出そうとしないのでしょうか。「認知症のお年寄りで頑張ったな」「ターミナルの人を見届けられてよかったな」といった、共通体験から共通言語や共通の価値観を、介護を通してつくるのが、介護現場のマネジメントです。

● リーダーに求められる人間力

　そして、リーダーに向いていないと落ち込み、自分を一方的に責めるのはやめましょう。こういうリーダーの特徴は、最初からできないと決めつけ、しかし人のせいにすると自分が悪者になるので、「私が悪いんです」という言い方をするところにあります。人間力がないと自己分析する力があるのですから、求められる人間力が何かを自分で

整理し、一つひとつ段階的に身に付けられるよう自分の成長にエネルギーを使ってください。

リーダーに向いているか、向いてないかというのは、あなた自身に適性があるかどうかではなく、あなたがリーダーをやりたいかやりたくないかです。自分を責める時間があるのであれば、ぜひお年寄りを信じて、ターミナルケアや認知症の人の個別ケアをやり通して職員の心をつなげてください。

もしどうしても、チームをうまくまとめるコツを一言でと言われれば、「判断と決心」です。どう判断し、どう決心するか。判断というのは頭で行い、決心というのは心で行うものです。ぜひ、あなたの頭と心を強くしてください。どんなに努力しても変わらない弱いところは、**「私はこれができません。あなたの力が必要です。助けてください」**と言えるようになるのがコツです。

また、チームをまとめるルールとして、やりたい人がやりたい介護をする。やりたい人はやりたくない人に強制しない。やりたくない人はやりたい人の邪魔をしない、と決めるのもよいでしょう。

ポイント

1 　勘所1〜7を一つひとつ取り組みましょう。
2 　職員と共通の言語・体験・価値観を持ち、ケアを通じて職員の心をつなげましょう。
3 　リーダーとして必要な人間力を整理し、身に付けられるように努力しましょう。

Q15 希望休の調整が難しい

シフトで職員の希望休が重なってしまったとき、どう調整したらよいのでしょうか。複数人の希望を聞いてしまったらシフトがうまくつくれません。とはいえ、誰の希望を叶えるべきなのか、リーダーが独断で決めてよいのでしょうか。

A **それぞれの事情を考慮して、全員が納得する形で調整しましょう。**

あらかじめ、希望休の調整方法をルールとして決めておくとよいでしょう。調整の方法はいくつかあります。1つは、希望休が重なった職員それぞれの事情を聞いて、出勤する職員と休む職員の調整をリーダーのみが直接行うやり方です。2つ目は、希望休が重なった職員同士で、直接話し合いをするやり方です。2人の間にリーダーが入って、**「いつもこの職員が譲ってくれているから、今回はどうでしょう」「ほかの日でも調整できますか」**と介入することもあります。メリットとデメリットがそれぞれあるので、その施設の特性を考えて使い分けてください。

実際の調整にあたっては、受診や治療といった体調や健康管理に関する事柄は優先される傾向があります。次に、家族や子どもに関する事柄が続きます。しかし、そういった事情を優先していくと、自ずと単身の若い職員ばかりが折れることになってしまうので注意しましょう。

● 解決策は人数以外にもある

ほかの方法としては、全員の希望通りに休んでもらい、その日の出勤者を力のあるドリームチームで固めるという方法も考えられます。人員は少なくても、頼れる強力な布陣にすることで乗り切るのです。

また、リーダーの工夫次第で、希望を叶えながらも勤務表に穴をあけないことも可能です **勘所3**。そのためにも、その職員ならではの事情を教えてもらえるような関係構築を日頃から心がけましょう。たとえば、2名の職員の希望休が重なり、その理由がデートと法事だったとします。普通は法事を優先しそうなものですが、そのデートがずっと片想いをしていた相手との初めてのデートだとしたらどうでしょう。その際には、法事の人には **「午前中に法事に参列して、親戚に来ていることをアピールできたら、昼から出勤してくれませんか」**、デートの人には **「午前中に出勤して入浴介助に入ってさっぱりしてから、午後デートに行くのはどうでしょう」** とそれぞれ打診してみます。つまり、希望休で人員を2のマイナスにするのではなく、2人を午前と午後に分けて、1人分を確保するのです。

ポイント

1　あらかじめ希望休の調整ルールを決めておきます。
2　体調や家庭の事情が優先されがちなので、単身者への配慮も心がけましょう。
3　職員と日頃から事情を教えてもらえるような関係構築に努めましょう。

Q16 **勤務表**に文句を言われる

私が作成した勤務表に対して、「〇〇さんばかり勤務時間帯が偏っている」「これじゃあ働きにくい」「私だったらこういう配置にする」などとすごく文句を言われ、嫌な気持ちになります。しまいには、勤務表から人員が余っていると判断して、当日勝手に休んだり、午前だけで帰ってしまう職員までいて困っています。

A 勤務表に意見するのは、職員が成長している証拠です。

リーダーとして、<u>自分が作成した勤務表はどういう意図で作られているのかをしっかり職員に伝えましょう</u>。「今日の職員数が多いのは新規利用者がいるため」とか、「この日は介護リーダーがサービス担当者会議に参加するので現場が手薄になる」といったように、なぜその体制なのかが勤務表を見てわかるようにしましょう 勘所3 。

また、担当や時間帯にケチをつけて、各自で変える職員もいます。たとえば、「ずっと早出が続いてるじゃん」「この送迎じゃダメだね」「私ならこうするのに」と文句を言う人がいると、リーダーは胸がざわざわしてしまいますが、逆に言えば、<u>勤務表に文句がつけられるようになったというのは、業務の流れと人の組み合わせがわかってきた</u>ということです。職員の成長として、まずは受け止めましょう。そして文句を口にするこの職員が自身で勤務表を作成できるようになるには、あと何が必要なんだろうという視点でとらえましょう。

ポイント

1 職員にどのような意図で勤務表を作成したか説明しましょう。
2 勤務表に文句をつけるのは職員の成長ととらえましょう。
3 文句を口にする職員が勤務表を作成できるように指導しましょう。

Q17 職員間で意見が分かれる

　ある利用者さんは、自分の力だけではトイレに行けない要介護状態で、トイレに行きたいような発言もあれば、トイレに行きたくないような態度も取ります。職員Aチームは無理しながらトイレにお連れしています。職員Bチームは「本人も疲れるだろうから無理しなくてもいいんじゃないか」と言い、オムツでするよう促しています。私は介護リーダーとして本人や家族の思いに応える介護をしたく、Aチーム寄りの意見なのですが、私の意見も通らず、職員間で意見が分かれてしまっています。どうまとめたらよいでしょうか。

A リーダーとしてやりたいケアを提示し、本人や家族の思いに応えたケアプランで明らかにしましょう。

　まず、AチームとBチームの考えをもう一度確認してください。どちらも業務都合を優先した職員本位ではなく、お年寄り（利用者）本位のケアによる意見対立であることは間違いありませんか？

　次に、意見対立の何が問題となるのかを整理してください **勘所1**。あなたの捉えたその問題を解決するために、「もう歳だし、無理しなくてもいい」あるいは「トイレに行ったほうが気持ちいい」と、職員がお年寄りを思ってケアのあり方を発言したことに対しては、否定せずに受け止めてから、リーダーとしてやりたいケアをわかりやすく職員に提示することが人事です。その次に、本人はどう思っているのか、家族はどう思っているのかをチームで話し合い、ケアプランで具体的なケアにしていきましょう。

● 隠された気持ちを丁寧に汲み取る

　本人は「そりゃ連れてってくれればありがたいけど、あんたたちの

負担になるくらいなら、オムツでいい」といった発言をすることもあります。だからといって「ほら、オムツって言った」と安直にとらえるのは、介護ではありません。本人の思いというのは、「（トイレには行きたいけれども、人様に厄介かけてまで）行きたくない」「身体がしんどいから行きたくない（身体があまり疲れないのであれば行きたい）」といったように、本人の本当の気持ちはこうではないかと仮説を立てるよう、丁寧に話し合っていきます。

　また、ご家族が口にする「皆さんにご迷惑をかけるのは心苦しい」といった言葉を、文字通りに受け止めてよいのかも注意が必要です。家族は、やりがいをもってイキイキと実践するプロの介護を求めているのかもしれません。本人や家族の思いに応える介護があなたのやりたい介護ならば、「『人に迷惑をかける存在にはなりたくないという、本人の気持ちに沿ったトイレ誘導をする』。それが私のやりたい介護です」と、介護リーダーが目標を示します。家族に、「親にとって必要な介護を私は選べた」と思ってもらえることが大切です。介護リーダーとしては、ぜひこのような視点を持って自分の本当にやりたい介護を言い切ってください。

ポイント

1　私（リーダー）のやりたい介護を提示します。
2　本人や家族の真の思いを汲み取り、サービス担当者会議で発言し、ケアプランに盛り込みます。
3　本人や家族の真の満足になるようなかかわりを心がけます。

6 業務・ケアの質に関する悩み

Q18 **職員に注意できない**

　日々の細かいこと（テーブルの拭き方や電気のつけっぱなし）から、お年寄り（利用者）や家族への対応（言葉のかけ方、あいさつ、ケアの方法）など、職員に注意したいことがたくさんありますが、時間をとって伝える機会がなかったり、注意すると「うるさいな」「細かいな」と思われそうで口に出せずにいます。

A **施設は時期によって求められるリーダー像が変化します。自施設の時期に応じたリーダーの役割を担ってください。**

　リーダーというのは、施設と事業所の成熟度合いによって変わる相対的（他との関係において成り立つ）存在です。施設・事業所の①設立期（新規立ち上げ時）、②形成前期（施設の運営を模索する時期）、③形成後期（施設の運営が軌道に乗った時期）、④成熟期（施設の運営が安定し、成長や変化が落ち着いた時期）に求められるリーダー像はそれぞれ変わってきます。

● ①設立期

　設立期に望まれるリーダーは、夢を語るリーダーです。「新しい施設ができたら、こういうケアをしようね」と、リーダーが夢を語ることでみんながワクワクした気持ちで、職員それぞれのやりたいことを言葉として引き出すことができるリーダーが必要です。

● ②形成前期

　形成前期は小姑のようなリーダーが求められます。運営側が形ばかりの組織図をつくって、役割分担をするためにマニュアルなどをつくろうとする時期です。現場は「言った・言わない」「聞いてる・聞いてない」で揉め、フラストレーションが溜まり、話し合いや記録、会議、申し送りの必要性が職員のなかで自ずと高まる時期です。

　この時期に必要なのは**「電気がついてるよ」「記録を読んだら丸をつけるんじゃなかったの」**と言える小姑みたいなリーダーです。つまり、通常業務の基盤が習慣になるまで、引っ張っていくことが求められています。

● ③形成後期

　形成後期になると、あらゆる事項を公表するリーダーが必要になります。形成後期というのは、組織図ができあがってきて、報告・連絡・相談の実態を積み重ねたり、書式を決めて、配布・記入・提出を求めたり、訂正・指導をします。この時期は、小さなことから大きなことまであらゆることを話し合いで決めていきます。

　「電球が切れていたが、電球のストック場所に電球が無かったので、すぐに電球をつけることができませんでした。物品は元の場所に戻す。在庫が少なくなったら補充する。これができるためには何が必要ですか」といったこともあれば、**「新人が３人辞めることになったので、来月の夜勤はかなり厳しいことになると思います。３人の退職理由は、先輩の指導がバラバラだったからです。このことは、新人育成、職員の定着率に影響し、介護の質にも影響する大きな課題だと思うので、しっかり考えていきます」**という具合に、電球が切れたことから新人の不満による退職まで、あらゆることを公表するのがこの時期の特徴です。

　あらゆる問題が公表され、管理側・現場を問わず共有されていく。そして、施設・事業所全体で考え、取り組んだときに解決していく。

共有された問題は解決できるということを示すリーダーがこの時期は求められます。

● ④成熟期

　そして、成熟期のリーダーには「何が問題かを明らかにする」ことが求められます。成熟期というのは、問題がすべて解決された施設・事業所になったというわけではありません。問題がない施設というのは、いわゆるマンネリ化が進み、見て見ぬ振りをする職員が増えたということです。

　この時期のリーダーに求められるのは、誰もが見えている現況をしっかり見て、自身の介護の軸を持って、何が問題かをわかりやすく言い、文章に書き、どうしたいかという方向性（解決）を示し、そのための具体的指示を丸投げしないで出せる人です。そして、自分の出した指示の結果を見届けられる人が求められます。

　ご質問の場合、今、自身が勤める施設は、②の形成前期で小姑のようなリーダーが求められる時期にあたるのかをまずは鑑別して、時期に応じたリーダーの役割を担っていただきたいと思います。

ポイント

1　「言いたいことが言えてない自分の状況」を自分で観察します。
2　求められるリーダー像は、施設・事業所の設立時期によって変わります。
3　自施設がどの時期にあるのかを鑑別し、時期に応じたリーダーの役割を担いましょう。

チームメンバーがケアの<u>変更</u>を受け容れてくれない

異動を機にリーダーになりました。その現場では私が共感できないケアが行われており、どうしても納得できません。ケアのやり方を変えようと提案したり、実際に現場に入って変えようと試みますが、以前のやり方を変えたくない職員が多く、「それなら辞める」とさえ言われました。辞められると職員不足に陥ることから、それ以上言えなくなりました。私が辞めた方がよいのでしょうか？

A 異動してすぐに実力を発揮することはできません。実力を発揮するためには３つの原則があります。

原則、組織内の異動というのは数合わせではなく、実力が認められたことによって命じられます。あなたが行ってきたよい介護を異動先でも期待されて、リーダーの辞令も出ました。だからこそ、その使命と期待に応えるためにも、あなたは現状を変えようと頑張ります。

しかし、異動先のケアに共感できず、思い通りにならない状況にあなたはイライラしています。そのために、「私が辞めた方がいいのか」「私に実力がないんじゃないか」と思ってしまっています。言わせていただきますが、あなたが辞める必要もなければ、あなたに実力がないわけではありません。それどころか、あなたには実力があります。今までの職場で改革を進め、上司に認められる結果を出したからこそ、今回抜擢されたのです。そのことは疎かにしないでください。

しかし、どんなに実力のある人でも、実力が発揮しにくい環境ではその力が活かされることはありません。あなたは、新しい職場でなじみのお年寄り（利用者）がまだおらず、自分が育てた職員が１人もいない、仲間とともにつくった仕組みが何もない状態で、やり方を変えようと提案したために、職員との行き違いが生まれてしまいました。

● 謙虚に実力発揮の場を整える

　どんなに実力のあるリーダーでも、<u>なじみのあるお年寄り、自分が育てた職員、仲間とともにつくった仕組み、この３つが無いチームでは、実力発揮はできません。</u>その事実にぶちあたっていて、今とてもつらいのだろうと思いますが、これは異動した人にしか与えられない成長機会でもあります。<u>どんなに実力があっても発揮できない現実をどんと突きつけられることで、一度謙虚になり、今まで以上にお年寄りやチームに感謝できるリーダーになりましょう。</u>この３つの原則がわからないまま、異動して直面したつらさに押されて、「前のほうがよかった」とか、「ここのやり方は信じられない」「私こそ辞めてやる」と相手や自分を責めてしまうと、異動先の職員との関係は余計ギスギスしてしまいます。

　よい介護をするために自分は異動したのだから、自分が実力発揮するためには何が必要かを３つの原則から考え、焦らずあなただからこその実力を発揮して、どんどん成長して前に進みましょう。

ポイント

1　実力を発揮するためには、①関係が充実したなじみのあるお年寄り、②自分が育てた職員、③仲間とともにつくった仕組みが必要です。
2　実力が発揮できない現実を前に、謙虚になりましょう。
3　実力を発揮するために何が必要かを考え、獲得していきましょう。

Q20 介護拒否の要求が<u>エスカレート</u>していく

特定の利用者の介護を拒否する常勤職員に対して、ほかの職員の協力を得て担当を交替したところ、ほかの利用者の介護も拒否するようになりました。要求がエスカレートしてしまったのです。どうしたらよいでしょうか。

A 常勤から非常勤など、雇用契約の変更を打診してみましょう。

その職員の健康を守るために、特定のお年寄り（利用者）への介護拒否を受け入れたことで、お風呂介助も排泄介助も拒否し、あのお年寄りもこのお年寄りも苦手だと、更に要求がエスカレートすることがあります。「何を勝手なことばかり言って、介護の仕事をなんだと思っているの！」と、一言言いたい気持ちになります。しかし、ここで感情的になった態度や言葉を出してしまうと、もっとややこしいことになるので、慎重に対応しならなければなりません。

介護リーダー1人で抱え込まず、施設長・事務長に相談して、常勤から非常勤への切り替えを検討してみましょう。**「私はあなたの身体と心を守りたい。あなたを苦しめる業務からあなたを解放したいと思っています。それには、職場のみんなの納得が必要になります。非常勤であれば勤務形態に融通が利くので、あなたも気が楽になり職員も安心できると思います」**と施設長や事務長が介護リーダーとともに同席した面談で、提案してみましょう。その職員が、「私も、それがよいです。助かりました」となれば問題なく、その職員に特化した業務内容に雇用契約を変更して、非常勤職員として働いてもらいます。

ところが、「あれもしない、これもしないけど、常勤職員のままでいたい。それがダメなら辞めます」となると、「そうですか、残念ですね。あなたの希望する勤務内容に合う職場になれず、申し訳ない。ぜひ新しい職場でも頑張ってください」と一度くらい言ってみたいで

すね。これが言えないから困っているのですよね。たとえば、人員配置基準を満たすために、拒否が多い職員でもなんとか常勤のまま働いてほしいという場合も、悔しいけれどあるかと思います。

　私からリーダーの皆さんにお伝えしたいのは、「その悔しさをファイトに変える」ということです。あれもしない、これもしないと非常識なことを言う職員を常勤で残さないといけないぐらい、自施設の人員配置が厳しく、あげくに介護リーダーから頭を下げて「残ってください」と言わなければならないなんて、悔しいなあ。その職員がいることで、どれだけの同僚が不公平を強いられることになるのか、リーダーなら手に取るようにわかっているはずです。悔しいですね。こんな悔しい思いを二度としないためにも、職員募集は計画的に実施し、応募のあった新人は手間暇かけて育成し、自分が育てた職員が定着する職場をつくるぞという強い方針を持ちましょう。

　また、一度機嫌を取って引き留めた職員は、これからもずっと機嫌を取らなければならなくなります。そのリーダーの態度が嫌で、他の職員が辞めていきます。この職員のために何人の職員を失ってしまったのかを考えたとき、機嫌を取るのはやめて、その職員が辞めるのを覚悟して、これ以上の自分都合の勤務は許されないと言い切るときを決断しましょう。

ポイント

1　1人で抱え込まず、施設長等と相談して、勤務形態の変更を検討しましょう
2　エスカレートした要求をのまざるを得ない悔しさをバネに、より良い職場づくりを目指しましょう。
3　他の職員にも迷惑がかかるなら、その職員が辞めることも覚悟して、機嫌を取り続けるのはやめましょう。

記録のミスが目立つ

　記録を正確にとるようになると、記録の抜けが気になり、決めたことができていないなどのミスが目立つようになりました。それを職員に指摘すると「うるさいな」という顔をされてしまいます。教えた通り動いてくれず、反発してきたらどう対処したらよいですか。

A　まず褒めて、承認する。ミスの指摘はその後です。

　職員の記録が下手でも書いたり入力したときに、ちゃんと褒めましたか。内容が薄いとか字が汚いとかは置いておいて、何よりもまずは「記録してすごいね」と承認する、つまり褒めることが大切です。そして、次の段階として「これだけ記録できる人がどうしてこんなミスをするのかな」と注意・指導します。これまでの承認があるからこそ注意・指導が行えます。決めたことができないときには、「あなたはできる人なのに、ミスをしたということは何かわけがあるんでしょう。心配だから私に教えてください」と、ミスの指摘としてではなく、職員が心配だという歩み寄りをしましょう。このようなステップを踏まず、一足飛びでミスだけを指摘してしまえば、当然「うるさいな」という顔をされてしまいます。

　ここまで読んで、あなたは今、どのような気持ちになりましたか？まずは、この手順でやってみようと思えますか。なんだか面倒だなと思いませんか。職員は「記録を正確にとろう」と指示されて、今のあなたと同じように「面倒だな」と思いながら、とりあえず記録をとったのです。今のあなたと同じ気持ちで各業務を実施した職員にどのような言葉をかけてあげたいか想像してみましょう。

● 自分で判断できる職員を育てる

　また、「教えた通り動いてくれない」という言葉からも、このリーダーは普段から人を思い通りにしようとしていることがにじみ出ています。他人は思い通りにはならないですし、思い通りにしてはなりません。「リーダーが自分を思い通りにしようとしている」と職員が感じてしまえば、防御的な反応として反発を態度で示します。リーダーの思い通りに動く職員を育てるのではなく、自分で「気づく・心配する・考える」ことができて、自分の思いと判断で介護展開がつくれる職員をまずは育てることが大切です。

　そして、その自分の介護は記録され、仲間と共有したり、振り返ったりしながら、職員は本当に自分がやりたい介護を見出していきます。それまで育成の姿勢を持って、介護リーダーは職員を支えてください。

1　まず、記録をしたことを褒めましょう。
2　ミスを指摘する際は、（職員を）心配しているという歩み寄りの姿勢を示しましょう。
3　職員をあなたの思いどおりに動かそうとするのではなく、自分で動ける職員を育てましょう。

申し送りの時間になっても人が集まらない

申し送りの時間になっても、フロアが忙しいからと言ってダラダラして、時間通りに来なかったり、すっぽかしたりする職員がいます。来たとしても、話を受け流すだけでメモを取らず、申し送るべき内容を報告しないので、事故が起きがちです。どうしたらよいでしょうか。

A 開催時間と場所を繰り返し告知し、申し送りに参加することに意義が見出せるようにしましょう。

まずは、申し送りの時間と場所を明確にしておくことが重要です。そして、入職時のオリエンテーションや新人教育では、会議と申し送りの重要性を徹底的に伝えましょう。具体的に、朝昼晩の何時にどこで、朝礼、昼礼、夕礼が行われているのかを明らかにし、職員間に定着するまではリーダーが口酸っぱく言い続けます **勘所6**。

そして、申し送りにダラダラと遅れてくるようであれば、その人が来るまで申し送りを開始せず、その人を待ちます。他のフロアの職員はそろっているのに、遅れている職員が来るまで申し送りをはじめずに待機することで、申し送りの重要性を職員全体に感じ取ってもらいます。

ほかの職員がそろった状況で、その人が来られないのは今忙しいんだと思って申し送りをはじめてしまい、やっとその職員が来た頃には終わっていたという場合があるかと思います。しかし、そういったことを繰り返してしまえば、「いまさら行っても終わっているかもしれないから行かなくていいや」「この間、○○フロアは来なかったんだから私たちも行かなくてもいいんじゃないか」といった意識が職員には植えつけられてしまいます。業務習慣として定着するまではしばらく、先ほど **Q18** で紹介した②形成前期のリーダーのように、介護リー

ダーは小姑のように頑張らなくてはいけません。

● 申し送りの内容を充実させる

　頑張って定着させたものの、申し送りの内容がくだらなくては意味がありません。職員が申し送りに参加しても参加しなくても同じだと判断してしまえば、参加率は悪化する一方です。そのため、リーダーこそが言葉にして短時間ながらも充実した内容を伝達することを心がける必要があります。

　たとえば、申し送りで「熱が出た」という報告が出たら、「いつわかったの？　誰が計測したの？　その後の対応と変化は？　誰に連絡したの？　次の勤務者にはどうしてほしいですか？」と聞きます。申し送りでこれだけのことを聞かれ続けると、現場では当然、よりきめ細やかな記録や確認を心掛けるようになります。最新の生きた情報が申し送りでは展開されるので、申し送りに出ないことには仕事にならないという状態にまで、職員の認識をもっていければ理想的です。

ポイント

1　申し送りの時間と場所を明確にし、繰り返し伝えます。
2　定着するまでは、出席者が全員そろうまではじめずに待ちます。
3　充実した申し送りを行い、参加しなければ仕事にならないという
　　状態にまで職員の意識をもっていきます。

Q23 **外出計画書**に納得がいかない

　法人の方針で、外出時には「外出計画書」を作成し、申請しないと出かけられないようになり、息苦しさを感じています。情報共有や安全管理の面からは正しいことかもしれませんが、「お散歩行こうかー」というノリで外出できなくなり、生活の場としての施設のあり方に疑問を抱いています。部下からも前の方がよいと言われています。このようなとき、上司にどのように掛け合ったらよいのでしょうか。

A **外出計画はケアプランと併用して書くことが求められます。**

　その日のお年寄り（利用者）の気持ちにあわせて「ノリ」でお散歩に行ける施設・事業所は優秀です。そこまで優れた現場実践がありながら、法人の外出対応の方針が変わったのには、理由があるはずです。たとえば、職員間の連携がうまく取れず大きな事故があったり、特定の職員にのみ負担がかかって外出支援が不安定になっていたり、家族に連絡せずに外出してクレームがきたり、運営（実地）指導で指摘されたり……と、そこに至った出来事があったと思います。この出来事を背景にして、今まで書かずに済んでいたものが必須になって、やり方が変わったのですから、当然、違和感や息苦しさが生じるでしょう。好きなときにふらっとお散歩に行けるという、おおらかな日常というのはとても大切ですが、それが続けられないような出来事が実際に起きてしまったのですから、そのことは決して忘れずに、基本に立ち返る必要があります。

　そもそも外出計画書（または報告書）というのは、入居系サービスにおいては、ケアプランの実施として記録されていなければなりません **勘所5**。「いつ、どこで、誰が、何のために外出するのか。事故が起きたらどう対処するか。かかる費用は施設が負担するのか、本人が

負担するのか。どの車両を使うのか。何時までに戻ってくるのか」といったことが本人・家族・ケアマネ・管理側・現場職員それぞれと共有されているから、外出支援となります。これまでそういうことが徹底されていなかったのだとしたら、不十分と言わざるをえないでしょう。

● 外出計画はケアプランに含める

また、外出計画はケアプランに含まれていることが重要です。たとえば、「Ａさんは外出が大好きなので、少し機嫌が悪くなったときには、事後承諾になりますが気分転換に外出します」「Ｂさんは日頃から買い物に行きたいという希望を強くもっています。すぐに対応しないと気持ちが落ち着かなくなってしまうので、そういうときはお買い物に行きます」などと、実際にかかる時間や移動距離、費用を具体的に示しながら、ケアプランの作成段階でご家族に報告しておくという方法があります。

外出支援は外出の事後承諾でも家族は認めるということがケアプランに反映されていて、本人・ご家族も了承しているのであれば、日常的な散歩などでその都度、外出計画を作成し許可を取るという必要はありません。とはいえ、大がかりな旅行や車に乗っての遠方への移動、一定額以上の金額を使用するときには、事後承諾の許可があっても、家族に事前に確認したほうがよいでしょう。

ポイント

1　外出計画はケアプランに明記しておきましょう。
2　ケアプランの段階で、家族からも了解を得るようにします。
3　やり方を変更したときは、違和感や息苦しさを覚えます。変更理由を理解したうえで、必要なことはしっかり行いましょう。

介護職と看護職に意見の相違がある

介護職と看護職との間でケア（生活支援）について考え方に相違があり、そういうときはどうしても看護職の意見の方が強く、介護職の意見が通りません。どのようにすれば、もっとフェアに話し合いができるでしょうか？

A 施設全体で生活モデルを学習して、生活支援の場の専門職として協働する。

介護施設でよく見かけるのが、資格をもっている、経験が長い、医療行為ができるという要因から、看護師の立場が強い傾向があることです。未だに看護が上で、介護が下などと思われていたら残念です。介護と看護の各リーダーは施設長と連携して、働きやすい職場環境・体制を整えます。まずは、新入職研修やテーマ別研修等で、「医療モデル」と「生活モデル」の勉強会をしっかり行うのがよいでしょう。

医療が発達したからこそ、昔だったら死に至ったであろう人の命が守られ、長く生き延びるようになりました。疾患や機能障害にアプローチして、治せる病気はしっかり治して元の身体に戻すという「医療モデル」の考え方での実践はとても重要な仕事です。

一方で、治らない病気や障害をもちつつも、あるがままの自分で生きていく人を支えるケアに、生活モデルという考え方があります。私たち介護職とは、さまざまな職種と力を合わせて、1人のお年寄り（利用者）が最期までその人らしい生活を送れるように、疾患や機能障害ではなく、あるがままの自分では生きにくい・生活しにくい生活障害にアプローチするのが仕事です。この考え方を生活モデルといいます。

対人援助を仕事として行っている人でさえ、未だに医療モデルと生活モデルを職能分類の指標ととらえ「医療が上で生活は下」という

誤った考えをもっている人がいます。間違った考え方をもつ人が働く職場を介護リーダーが1人で改革することは難しいので、上司や上長とともに「介護保険施設・介護保険事業所は介護を基盤にした生活支援の場で、かかわる職員はどの職種であっても生活モデルを基本とした考え方で働きます」という方針を研修会でわかりやすく伝えましょう。

● 介護とは生活の可能性を拡大すること

たとえば介護職は、「血圧が高くてもお年寄りがお風呂に入りたがっているなら、入れてあげたい」「ターミナルステージでいつ亡くなってもおかしくないお年寄りにこそ、おいしいものを食べさせてあげたい」「オムツは気持ち悪いから、重度障害の人でもできるだけトイレに連れて行ってあげたい」といったように、身体の健康や安全のことだけを考えればリスクの高い選択が必要だとあえて判断することがあります。生活支援の場の専門職というのは、一方的に禁止するのではなく、自分自身の知識と技術を総動員して、関係者にわかりやすく説明し、不安で躊躇している人の生活を自分の存在によって拡大できる人です。

やりたい介護の実現のためには、看護師のもつ知識・技術は重要です。看護師の本当の実力発揮のためにも、介護リーダーの重要な務めとして、**勘所1～7**を使って看護師も含めた職員たちのやりたい介護を引き出し、利用者の笑顔につながる実践にしてほしいと思います。

> **ポイント**
>
> 1 研修で「医療モデル」と「生活モデル」について学びましょう。
> 2 私たちが働く介護施設は、生活モデルを基本としてケアを提供する施設です。
> 3 やりたい介護の実現のために、多職種で連携して、利用者の笑顔につながる実践をしましょう。

Q25 介護リーダーが掃除や洗濯係になっている

　職員がとてもいきいきと仕事をしてくれています。お年寄りを外に連れ出したい！　いろいろなイベントをして喜んでもらいたい！　毎日のケアも手厚く行いたい！　そんな声が多く聞かれるのでとても嬉しく思っています。一方で、記録や掃除、洗濯などの間接介護がおろそかになりがちです。私はリーダーとして、みんなのやりたいことができるよう縁の下の力持ちになってサポートをしたいと考え、掃除や洗濯、記録を率先してやっています。

A **記録、掃除、洗濯は決しておろそかにしてよい介護ではありません。おだやかな日常があってこそ、非日常が輝くのです。**

　職員のために「縁の下の力持ち」になってサポートしようというリーダーの姿勢は、決して間違っていません。ですが、記録、掃除、洗濯というのは縁の下の仕事ではありません。

　縁の下というのは、職員の雇用契約内容を整える、収支の安定を図る、地域の信頼を盤石にする、法人との関係性を充実させるといった管理職にしかできない仕事のことを指します。記録や掃除、洗濯は誰か特定の職員がするというとらえ方ではなく、「直接介護と間接介護の両方があってこそ、日常生活支援だ」ということを職員に伝え、この両方を各自が実践できる勤務を組む必要があります。

● 間接介護をおろそかにしてはいけない

　1年を振り返ったときに心に強く残って思い出せる日というのは、ほんの数日です。それは、喜びや悲しみなど感情が動かされた日、外出やイベントなどがあったかけがえのない日、つまり非日常のことです。しかし、思い出されもしない、覚えられもしない、おだやかで揺るぎない日常があってこそ、かけがえのない非日常が輝きます。

揺るぎない日常とは、食事、排泄、入浴であり、または生活環境を整える掃除や洗濯でもあり、日々を丁寧に残す記録でもあります。<u>生活支援において間接介護は決しておろそかにしてよい介護ではないということを、あなたはリーダーとして職員に伝えていかなければなりません。</u>

1　記録、掃除、洗濯といった生活支援は、おろそかにしてよい介護ではありません。
2　ゆるぎない日常があってこそ、非日常が輝くことを職員に伝えましょう。
3　縁の下の仕事とは、職員が安心して介護という仕事に向き合える管理業務のことです。

7 事故に関する悩み

Q26 **なぜか事故が頻発する**

　3か月前に介護リーダーに就任しました。この間、転倒など4件の事故が発生してしまいました。業務の指示と整理がうまくできないことが原因だと自分では振り返ります。しかし、目の前の仕事で精一杯でこれ以上どうしたらよいのかわかりません。

A **業務マニュアルに照らして、具体的に何ができていないのかを明らかにしましょう。**

　目の前の仕事で精一杯だとしても、今日は仕事を一旦終わりにして、「考える」ということをしてみましょう。考える順序はこうです。

　自分なりに、業務の指示と整理がうまくできていないと原因分析をしたのであれば、具体的に何ができていなかったかを洗い出してみてください。うまくいかないということは、業務マニュアル自体に事故が発生する部分があったのか、業務の組み立てや指示出しに無理や曖昧さがあったのかなど、さまざまな原因が隠されているはずです。勘所1 で業務マニュアルを見直し考えてみましょう。

　そして、事故が起こったときには、「いつ・どこで・誰が・何をしていたか」という現況をいかに正確に把握できるかがポイントです。現況をより正しくとらえないと、分析された事故原因が特定できません。原因が特定できないと対策が立てられないので、事故が繰り返されます。

● 目に見えない原因を探る

　目に見える事実関係が把握できたら、次は目に見えない原因を探りましょう。お年寄り側にも職員側にもそれぞれ原因はあります。たとえ仮説でも原因を特定できれば、対策を立てることができます。具体的な対策は、マニュアルを見直す、研修をする、物的環境を整えるなど、仮に事故が起きても大きなケガにならないような被害を最小限にする対策を考えてみます。

　また、事故が起きたら早急に家族に報告することを考えましょう。

図　事故が起きたときの対応

1　現況を正確に把握する

・現況の確認(いつ、どこで、誰が、何をしていたのか)
・受傷部位の確認と対応(看護師などが処置として何をしたのか)
・そのときの職員の位置と視野の確認

2　事故原因を明らかにする

・お年寄り→認知症により危険の予測ができない(例)
・職員→見守っていたが、ほかの利用者の対応でそのとき視野から外れた(例)

3　対策を行う

・業務マニュアル手順を見直す 　勘所1
・研修で知識や技術を身に付ける
・物的環境を見直す

4　仮に事故が起こっても被害を最小限にとどめるように工夫する

5　家族への報告

その際には、転倒の原因や今後の対策についてしっかりと説明できるようにします。ただし、転倒はどんなに気をつけていても起こります。このことをリーダー自身が認識し、職員や家族にも理解してもらうためにはどうしたらよいかを考えます。

　あなたの上司、または担当のケアマネジャーに、今のあなたの不安や追い詰められた気持ちも含めて相談してみましょう。そして、一つひとつの事故について、改めて一緒に振り返ってみます。このように、自分の気持ちと事故が起きた事実の両方を同一人物に直接話すことで、気持ちと事実を分けてとらえられるようになります。

　相談者は、事故が立て続けに起こる現実を前に自分を見失いかけています。そんなときは、より具体的に考えられる状況に自分を置くことが大切です。

1　現況を正確に把握し、事故原因を明らかにします。
2　業務マニュアルを見直すなどの対策を行います。
3　上司やケアマネジャーに、自分から相談してみましょう。

Q27 事故を起こした職員への**対応**がわからない

　利用者さんを転ばせてしまった、ケガをさせてしまったというときに、そばにいたのに見守りを怠った職員に対して、どのように対応すべきかわかりません。厳しく叱る方がいいのか、優しく慰める方がいいのか、転ばせてしまった状況にもよるとは思いますが、どう対応すべきでしょうか。

A 叱るとか慰めるといった対応ではありません。就業規則に則って、注意と指導を行います。

　これは就業規則にかかわることです **勘所4**。

　まず、転倒させてしまった職員が、お年寄り（利用者）を転ばせてしまった事実を認めるかどうかを確認します。認めない場合には、あなたの介護展開の中で転倒に至ったことを説明して理解してもらいます。

　また、「気をつけていました」と言う場合は、気をつけ方に問題がないかを一緒に考えます。このとき、職員に改めて見守りの重要性を指導します。

　見守りを怠るという同じ理由や原因でその職員が転倒事故を繰り返すようであれば、就業規則に則って指導することを予告します。同じ職員が同じ理由で数回以上転ばせてしまったら、介護リーダーの手を離れて、主任や管理側が対応します。必要と判断されれば、始末書や厳重注意になります。なお、以上は注意と指導なので、厳しく叱るとか優しく慰めるということではありません。

ポイント

1　見守りの重要性を指導します。
2　就業規則に則って対応します。
3　繰り返すようなら、始末書や厳重注意になります。

8 利用者家族への対応に関する悩み

Q28 **要望が多い家族への対応**

要望が多い利用者のご家族との接し方に悩んでいます。非常識な要望にはどのように対応すればよいでしょうか。

A **傾聴・受容・共感が対応の基本。そのうえで、サービス担当者会議に参加してもらい、要望をケアプランに組み込めるか検討します。**

まず、この「非常識」というのは、誰が非常識だと言い出したのでしょうか。家族は非常識とは思っていなくて、私たちが非常識だと思っているだけかもしれません。

要望が多いご家族に対しては、「傾聴・受容・共感」で対応することが基本です。そして、介護リーダーの一存では決められないので、サービス担当者会議に参加してもらい、ケアマネジャーをはじめ、他職種とともにケアプランに組み込めるものかを検討します。

サービス担当者会議で「非常識」だと判断された際には、「公的介護保険においてお応えできるものではありませんので、別途費用が発生します」「そのご要望はリスクが高く、責任は負いかねます」といった、毅然たる態度で説明しなければならない場合もあります。これが通常の対応です。

ただ、介護リーダーとしては、家族が社会的に非常識とも言われるような要望をする背景を、ケアの視点から読み取っていかなければなりません。歳取った母親を施設に入れたという後ろめたさを解消したいがために、母親の望みをなんでも聞いてほしいと施設に要求してい

るのかもしれません。もしくは、認知症であるがために自分の要望を発言できない親の代わりに、代弁することが親孝行だと思っているのかもしれません。本当だったら自分の手で介護したかったのに、さまざまな理由でそのことがかなわず、その悔しさとイライラを私たちにぶつけているのかもしれません。要望の奥にある気持ちを機敏に受け止めることが、ご家族との関係を築くうえでは求められ、介護のしやすさにもつながることがあります。

● 上級編

　ここからは、初級リーダーには少し難しいかもしれない、上級リーダーの対応を紹介いたします。それぞれのご家族の思いや背景を聞き出す言葉かけのポイントです。

①親を施設に入れたことに負い目を感じている家族への言葉かけ１

「施設に入れたことをおつらく思ってらっしゃいませんか。それは、在宅で暮らし続けることを叶えることができなかった、さまざまな事情があったからです。ここで、おいしいご飯を召し上がって、気持ちの良いお風呂に入って、お家では見せないような笑顔を引き出し、それを娘（息子）さんにお伝えしたいと私たちは思っています。親のために良い介護を選べたんだと娘（息子）さんに思っていただけるような介護を目指します」

②親を施設に入れたことに負い目を感じている家族への言葉かけ２

「娘（息子）さんが在宅でお父さまを介護することができれば、きっと最高の介護が展開されたでしょう。それがさまざまなご事情で果たせなかったからこそ、私たちの施設にお越しくださった。私たちは娘（息子）さんが思うような最高の介護にはなかなか追い付けませんが、一歩でも近付きたいと思っています。私たちの未熟さがとても気になるとは思いますが、これからお父さまのためのより良い介護を娘（息

子）さんと一緒につくっていきたいと思っています。お父さまに合った最高の介護をつくるために、私たちを育てる視点で見守ってください」

③親の望みをなんでも聞いてほしいという家族への言葉かけ
「私たちに要望を申し付けることがお母さんのためだと思っていらっしゃるのでしょう。お母さまを思って、我々に要望を言われることは素晴らしいと思います。さらに重要なことは娘（息子）さんとお母さまと私たちがお母さまのための1つのチームになることではないでしょうか。仲間になるという視点をぜひ私たちに持っていただきたいのですが、いかがでしょうか」

ポイント

1　要望が多い家族には「傾聴・受容・共感」で対応するのが基本です。
2　サービス担当者会議に参加してもらい、ケアプランに要望を反映します。
3　できることなら、要望の奥にある家族の思いを受け止めるような声かけをしましょう。

9 介護リーダーとして、うまくいかない悩み

Q29 リーダーとして1年経ち、**自信**をつけたい

昨年、介護リーダーになり、なんとか1年が経ちました。しかし、未だに自分でよいのか迷いがあります。この先、自信をつけるためには、何を学んでいったらよいでしょうか。

A まずは3年やってみて、3年後の自分が介護リーダーをやるのか、やめるのかの判断と決心ができるようになりましょう。

まずは、リーダーを1年間続けたこと、本当によく頑張りましたね。あなたは、上司があなたのどこを評価してリーダーに薦めたのか、自分で認識していますか。

リーダーを打診されて、あなたは引き受けてみようと決心したと思いますが、もう逃げられないと思ったのか、やるしかないって思ったのか、ぜひやろうと思ったのか、そのときの自分の気持ちを忘れないでください。そして、どんな理由であれ、リーダーを引き受けたからには3年は頑張ってほしいと思います。

最初の1年目は、前任者がやったのと同じように、見よう見まねで一生懸命やってみる。そうすると、きっと失敗もすることになります。多くを体験することになる2年目は、できることは行い、できないことは無理をせず、同じ失敗だけは繰り返さないぞという心構えで過ごすとよいでしょう。3年目に入ると、自分の努力だけではできないことも明らかになって、どこに助けを求めたらいいのか自分で判断できるようになります。このようにあなた自身が実践してきた一つひとつを忘れないことが大切です。

　3年経って、やはり自分はリーダーに向いてないと思う人も出てくるでしょう。自分ができること、できないことがわかり、やりたいこと、やりたくないこともわかってくる。リーダーをやりたくないという自分の気持ちに確信が持てたのならば、その時はリーダーを退いてもよいのではないかと思います。リーダーを続けるか、続けないかは3年目の自分がより正しく判断できると信じて、まずは3年間続けるということです。

　この先リーダーとして何を学べばよいかについては、ぜひ **勘所1〜7** をしっかりマスターしてください。とはいえ、判断と決心を下す3年目があなたには待ち受けているわけですから、これから一番学ばなくてはいけないのは自分自身のことです。「判断」は知識や技術、学びから習得していくもので、「決心」は自分の心が決めるものです。ここからの2年を通じて、自分のための判断と決心ができるように、リーダーを続ける2年目でぜひ力量をつけていってください。

ポイント

1　3年は頑張って続けましょう。
2　3年の間に自分自身のことを学びましょう。
3　それでも辞めたいと判断と決心をしたならば、退くのもよいと思います。

Q30 リーダーを辞めたい

　介護リーダーをしていますが、正直やりたくありません。リーダーになったのも、私より長い職員が少なくなり「頼みやすい」という理由で言われたと思っています。何かを認められたからではありません。いざ、リーダーになると「自分のケアに対する考え」がないことに気づきました。何か目標を持って実現に向けて頑張ろうということもありません。これでは辞めたほうがいいですよね。

A　まずは、上司にリーダーに指名した理由を確認してください。

　「頼みやすい」という理由で、上司が自分をリーダーに指名したというのは、あなたが一方的に思っているだけだと思います。一度面談で、なぜ私をリーダーにしたのか、今までのどんな仕事ぶりを評価したのか、リーダーとしての今の私をどう思うか、どのようなリーダーを求めているのかといったことを上司に聞いてみたらいかがでしょうか。そして、**「自分は正直リーダーをやりたくないと感じています。何よりリーダーを経験して、自分にはケアに対する考えがないことがわかりました。そんな私がリーダーを続けるためには、上司としてどのようなサポートをしていただけますか」**と、率直に聞いてみたらよいかと思います。

　私がその上司でしたら、「リーダーを引き受けて、改めて自分にはケアに対する考えがないということがわかったんだね。私はそれだけでもすごいと思うよ」と伝えたいです。ケアに対する考えや思いがないとわかったのだから、これからどうケアに向き合っていくかについて、一緒にあなたと考えていきたいです。

● ケアに対する考えをリーダーと一緒に見つける

　介護の現場には、このリーダーのように、ケアに対する考えがなくて、お年寄り（利用者）に思いを傾けられないまま、介護を続けている人がたくさんいます。「そのような職員が介護を続けていくためには何が必要か、あなたを通して私も学んでいきたいと思うので、もう1年リーダーとして一緒にやってみませんか？」と提案してみたいと思います。そして1年後、また同じように面談をして、何か見出せたのであれば他の職員にも活かしていきたいですし、そのときにそれでもリーダーを降りたいとあなたが思うのであれば、そのときはその決断を支持します。

ポイント

1　上司との面談で、なぜ介護リーダーに指名したのかを確認しましょう。
2　上司として行えるサポートを尋ねましょう。
3　これからどうケアに向き合っていくのかを、ともに考えていける人を見つけましょう。

職　場

自分の技術が <mark>未熟</mark>

　認知症の方への対応や身体介護の技術を職員に伝えなければと思い、研修やセミナーに参加して学んでいます。でも、まだまだ人に伝えられるレベルではありません。リーダーだから知識や技術、そして人格もみんなより優れていなければと思うのですが、私よりもっと優れた人はたくさんいます。こんなんじゃリーダーとして失格ですよね。

A そのような高い志があるあなたこそが、リーダーにふさわしいと私は思います。

　あなたが尊敬する優れた人や、あなたよりずっと長く介護を続けている人、あなたよりも何倍も介護の勉強をしている人は世の中にはたくさんいます。その人たちにも自分より優れていると思う人はいるのです。逆に言えば、私以上の人はもういないと思ったときこそ、介護リーダーや介護の仕事の辞めどきです。

　あなたはリーダーを引き受けたからこそ、みんなに技術や知識をしっかり伝えなくてはと思い、学んでいるのだと思います。研修やセミナーに参加して外の世界に触れ、自分よりも優れた人がたくさんいることがわかり、自分の学びの中から憧れの対象や努力する目標を見出しました。それはとても素晴らしいことです。

● 技術は伝えながら磨かれていくもの

　また、知識や技術というものを、自分は伝え方が上手だと思って伝えている人はいません。誰しも伝えながら、上手になっていくのです。あなたがお年寄り（利用者）へのかかわり方で身に付けていることも、最初からできていたのではなく、繰り返し失敗しながら上手になっていきましたよね。あなたが初めてのトランスファーを習得した頃は、

少しもたついたり、お年寄りに迷惑や心配をかけたかもしれません。その方たちの協力があったからこそ、今あなたは技術を習得して上手になったのです。新人の頃に不便や迷惑をかけたお年寄りに感謝の気持ちを込めて、これからも職員に対して真摯に知識や技術を伝えていけばよろしいかと思います。頑張ってください。

ポイント

1　「自分以上の人はいない」と慢心したときが辞めどきです。
2　知識や技術は繰り返し練習しながら上手になっていきます。
3　新人の頃に迷惑をかけたお年寄りに感謝の気持ちを抱いて、成長していきましょう。

業務量が多すぎる

業務改善の一環として、振り返りと情報共有を徹底するようにしてからケアは向上しましたが、リーダーの業務が増えました。職員のレベルに応じて伝え方を工夫したり、面談などを行わなければならず疲れ果ててしまいました。これもリーダーの仕事としてやり通さなければならないのでしょうか。

A それこそリーダーの業務です。ある程度続けて、それでも業務量が多いと感じるときは、上司に相談しましょう。

業務改善を行ってケアが向上したことは、とても素晴らしいですね。「職員のレベルに応じて伝え方を工夫したり、面談を行うこともリーダーの仕事なのでしょうか」というご質問に対しては、それこそリーダーとしてやり通さなければならないとお答えいたします。むしろ、これまでリーダーとして伝え方の工夫を職員に応じてしてこなかったほうが未熟でした。

● これまでの取り組みを無駄にしない

新人には新人なりの、転職組には転職組なりの、ベテランにはベテランなりの接し方があるのは当然です。1対1で、職員の体調や気持ち、これからの方向性を共有することができる面談 **勘所7** はとても重要なリーダーの仕事です。疲れ果てているのは、今まであなたがやってこなかったからなのです。振り返りと情報共有の効果にあなたは気づいているのですから、自分の職員とのコミュニケーション力がつくまではなんとしても続けましょう。今ここで辞めてしまったら、今までのあなたの成長や取り組みが無駄になってしまいます。それはなんとももったいない。

そして、ある程度続けて自身のスキルが習熟したときに、それでも

業務量が多いと感じるのであれば、上司に相談してみましょう。「自分で業務を棚卸しして、職員とさまざまなことに取り組んできました。そして、職員への対応方法も工夫した上で、介護リーダーとしての業務量に負担を感じています。今この業務を次のリーダーが引継ぐのも大変だと思いますので、自分がリーダーのうちに、業務を職員にうまく振り分けて、次のリーダー候補を育てたいと思っています。私一人では、次期リーダーの指名や業務の振り分けは難しいので、手伝ってください」と上司にしっかり伝えることが大事だと思います。

ポイント

1　リーダーは、職員のレベルに応じて伝え方を変えることが求められます。
2　業務量は上司に相談して、調整してもらいましょう。
3　リーダー候補を育てるためにも、他の職員にリーダー業務を振り分けてみましょう。

リーダーが1人なので<u>休みが取りにくい</u>

うちは小規模の施設なので、介護リーダーは私1人です。なので、休みがとりにくく、ほぼ泊まり込みのような連勤が続いています。もう1人リーダーになってほしいのですが、引き受けてくれる人がいません。

A あなたがそんな働き方をしているから誰も引き受けないのです。まずは自分の勤務態度を改め、健全な施設を目指しましょう。

リーダーが泊まり込みで連勤をするような勤務態度を周りに示していれば、職員も育たないし、次にリーダーをやりたい人も出てきません。まずは、小規模施設でリーダーが1人しかいないがために、休みが取りにくいと言っている自分の勤務態度を改めましょう。<u>自分がいなければ、この施設は立ち行かなくなるというのは、あなたの思い込みです。</u>

休みにくい理由を明らかにするために、<u>リーダーの自分がいないと何が困るのか、自分が連勤するのは何のためなのかを書き出してみましょう。</u>業務指示を出す、家族や外部からの連絡に対応する、上司からの指示を承る、記録する、申し送りをやる……さまざまな業務が洗い出されると思いますが、<u>その1つをまずは他の職員に任せてみましょう。</u>あなたと同じように完璧にはできないかもしれないですが、<u>任せないことには他の職員も成長しません。</u>

● 4つのポイントを守って健全な施設に

「あなたにしかこの仕事はできないですね」というのは、褒め言葉ではありません。<u>その人にしかできない仕事をしている人は、組織の敵です。</u>熱心なあなたの勤務態度がリーダー育成を阻み、特定の個人が

いなければ崩れてしまう弱いチームにしてしまっています。厳しいようですが、まずは自分の働き方を振り返り、健全な施設にしましょう。

　健全な施設には4つの守るべきポイントがあります。1つ目は、法律を守っているか。つまり、虐待や身体拘束、ハラスメントがないか。2つ目は、勤務がちゃんと組めているか。特定の職員がずっと夜勤をしたり早番をしたりしていないということです。3つ目は、研修や委員会がきちんと勤務に組み込まれているか。4つ目は法人内の内部監査や都道府県の運営（実地）指導を受けられる体制が整っているかになります。まずは、この4つを遵守した施設になるよう、管理責任者とともに取り組んでみてください。

ポイント

1　自分の勤務態度を改め、連勤をやめましょう。
2　業務を他の職員に分担してもらいましょう。
3　健全な施設の守るべき4つのポイントを遵守しましょう。

Q34 <u>給料</u>が減り、業務量が増えた

　介護リーダーになって業務量が増えて苦しいです。夜勤がなくなり、お給料も減りました。こんなことなら引き受けなければよかったと後悔しています。業務量をうまく分担して、自分の介護をするためにはどうしたらよいでしょうか？

A **リーダー業務に集中できる日を、月に３日設けるようなスケジュールにしましょう。**

　介護リーダーの給与や待遇は、突然決まったものではなく、雇用契約書を取り交わす際に確認できていたはずです。雇用契約書に印鑑を押したということは、その給料に納得して引き受けたということになります。<u>雇用契約書を交わすときにはその内容を確認し、納得がいかないならば交渉しなくてはいけなかったのです。</u>

　これからできる交渉としては、<u>リーダーになって減った夜勤手当分をボーナスに反映するという方法があります。</u>夜勤手当分が減ったことと本人がリーダーを前向きに引き受けたことを鑑みて、リーダー業務の実施状況を総合的に評価して、ボーナスに反映してもらえるかということです。

● リーダーの業務量を見直す

　さて、この質問はどちらかと言うと、業務量が想像以上に多かったことが問題だと思いました。介護リーダーというのは、日勤・夜勤・早番・遅番の勤務ローテーションから外れ、日勤中心の働き方になることが望ましいですね。とはいえ小規模施設の場合、ローテーションの勤務体制から１人を外すことはなかなか厳しいと思います。その場合は、通常の<u>勤務ローテーションから完全に外れて、リーダー業務に月３日ぐらい専念できるような日を設定した、勤務スケジュールを立</u>

ててみてください 勘所1。

　そして、リーダー業務を書き出しマニュアル化します。それを上司に見せて、振り分けられるものをほかの職員に分担してもらいます。こうすることでリーダーの業務量を減らすとともに、次のリーダー候補の育成にもなります。

ポイント

1　雇用契約を結ぶときに待遇を確認しなければなりません。

2　勤務スケジュールを立てる際に、勤務ローテーションから外れて、リーダー業務に集中できる日を３日は設けましょう。

3　他の職員に、リーダー業務を振り分けて業務を減らすとともに、リーダー候補の育成も行いましょう。

Q35 経営方針に不満がある

私の施設は大手資本が経営するグループホームです。本社の人が、現場を見ないで経営方針を決めるので、現状に合っていません。職員も不満をもっています。私も本当は不満ですが、立場上なだめ役に回っています。どうしたらよりよくなりますか？

A 無駄な戦いはせず、自分たちなりに経営方針を解釈して目標を定め、やりたい介護を実現しましょう。

現場をろくに見ていない本社が定める経営方針というのは、多くは観念的で、上滑りでふわふわしていて、どうにでも解釈できるぐらい具体性がないものです。その経営方針が仮に、お年寄り（利用者）を軽んじたり、職員を傷つけたり、施設が潰れるような内容であれば言語道断ですが、多くはそんな方針ではなく「尊厳をもって」「優しい心で」「接遇を重要視して」「皆さまから喜ばれる」といった内容のものでしょう。

介護の内容や質には興味がなく、現場の状況把握も行わないタイプの大手資本が経営母体の場合、現場の実情にそぐわない経営方針が下りてくることがあります。リーダーとしては百も承知のことと受け止め、そのような方針にはニコニコと、「逆らわず、従わず」の態度で向き合うのがよいでしょう。従わずというのは、むやみに反発するというわけではなく、自分たちなりに解釈をするということです。お年寄りや職員を中心に考えて、自分たちなりに解釈した目標を決めて、やりたい介護をやるということです。ただし、自ら定めた目標なので、言いっぱなし、やりっぱなしにはせず、自分たちのチームが責任を持って達成するという気構えで臨んでください。

● 戦略性ある介護は三方よし

　そして、まとまった結果が出たら、上司に報告してみましょう。予想した結果をもって報告する行動には「戦略」があります。戦略という言葉は、「戦いを略す」と書きますね。つまり、無駄な戦いをしないということです。経営方針に不満があるのであれば、よいように解釈して、大手資本であることの有益性を最大限に活かして、やりたいことをやり通し、結果を出しましょう。これは、お年寄りにとって素晴らしいことで、職員にとってもやりがいのあることです。結果的に、経営者にも利益をもたらします。せっかくリーダーになったのですから、戦略性ある仕事へと自分の力でやり通していきましょう。

ポイント

1　経営方針には逆らわず、従わず、自分たちなりの解釈をして、目標を定めましょう。
2　定めた目標を達成するなどの成果が出たら、上司に報告しましょう。
3　無駄な戦いは避け、戦略性のある仕事をしましょう。

業務マニュアル例

早番

随時、排泄介助、コール・個別対応、見守りを行う
休憩は日勤リーダーの指示により適宜とること

	※職員用入口から新聞を持ってくる ※申し送りファイルを読んでからフロア業務へ入る
7:00 〜 9:30	・お茶、おしぼりが出ていない利用者様への対応 ・車いすからいすへの移乗介助 ・栄養士・調理士と連携をして朝食配膳 ※早番は、移乗・朝食配膳と離床介助を交代するなど、夜勤者に負担がないように、夜勤者に指示を仰いで動く、または判断する ※夜勤者はフロア状況をみてフロア見守り、朝食介助に入る ・配薬、口腔ケア介助、排泄介助→チェック表への記入を忘れずに！ ・寝ているお年寄り（利用者）の様子をみながら離床介助
10:00	**補水** ※空いた時間で、シーツ交換、洗濯物干し・たたみ・配る、おしぼり巻きなどの間接業務を行う
11:00	**全体申し送り**
11:30	**レクリエーション（フロアへの移動）** ・経管栄養準備、昼食準備
12:00 12:30 〜 13:30	**昼食** ・個別で昼食の配膳（食べたい方から）、フロア案内、排泄介助 ・昼食介助 ・配薬、口腔ケア介助、排泄介助→チェック表への記入を忘れずに！ ※下膳、洗い物、テーブル拭き ※日勤または遅番職員と連携して行う
14:00	・排泄介助、コール・個別対応、記録 ※空いた時間で洗濯物などの間接業務を行う
15:00 〜 16:00	**おやつ** ・おやつの配膳、おやつ介助、排泄介助、記録 ・ゴミ集め、リネンタオル類、ゴミ出し ・トイレ掃除、トイレ内物品補充（パット、新聞紙、ペーパータオル、手袋） **業務終了**

随時、排泄介助、コール・個別対応、見守りを行う
休憩は日勤リーダーの指示により適宜とること

	※申し送りファイルを読んでからフロア業務へ入る
8:30 〜 9:30	※夜勤明け・早番の職員と連携して行う ・配薬、口腔ケア介助、排泄介助→チェック表への記入を忘れずに！ ・寝ているお年寄り（利用者）の様子をみながら離床介助
10:00	**補水** ※空いた時間で、シーツ交換、洗濯物干し・たたみ・配る、おしぼり巻きなどの 　間接業務を行う
11:00	**全体申し送り**
11:30	**レクリエーション（フロアへの移動）** ・経管栄養準備、昼食準備
12:00 12:30 13:30	**昼食** ・個別で昼食の配膳（食べたい方から）、フロア案内、排泄介助 ・昼食介助 ・配薬、口腔ケア介助、排泄介助→チェック表への記入を忘れずに！ ※下膳、洗い物、テーブル拭き ※早番または遅番の職員と連携して行う
14:00	・排泄介助、コール・個別対応、記録 ※空いた時間で洗濯物などの間接業務を行う
15:00 〜 17:30	**おやつ** ・おやつの配膳、おやつ介助 ・排泄介助、臥床介助、個別対応、記録 ※空いた時間で洗濯物などの間接業務を行う **業務終了**

遅番 ①10:00~19:00

随時、排泄介助、コール・個別対応、見守りを行う
休憩は日勤リーダーの指示により適宜とること

	※申し送りファイルを読んでからフロア業務へ入る
10:00	・補水介助、排泄介助（早番・日勤職員に確認しながら業務に入る） ※空いた時間で、シーツ交換、洗濯物干し、たたみ、配る、おしぼり巻きなどの 　間接業務を行う
11:00	**全体申し送り**
11:30	**レクリエーション（フロアへの移動）** ・経管栄養準備、昼食準備、排泄介助
12:00 12:30 13:30	**昼食** ・個別で昼食の配膳（食べたい方から）、フロア案内、排泄介助 ・昼食介助 ・配薬、口腔ケア介助、排泄介助→チェック表への記入を忘れずに！ ※下膳、洗い物、テーブル拭き ※早番または日勤の職員と連携して行う
14:00	・排泄介助、コール・個別対応、記録 ※空いた時間で洗濯物などの間接業務を行う
15:00 〜 17:00	**おやつ** ・おやつの配膳、おやつ介助 ・排泄介助、臥床介助、個別対応、記録 ※空いた時間で洗濯物などの間接業務を行う
17:00	夕食準備 ・椅子への移乗介助、離床介助、経管栄養準備
17:30 〜 19:00	**夕食** 食事介助 ※少食介助をしながらフロアの見守りを行う ※最終、食事チェック量の記入を忘れずに！ **業務終了**

遅番 ②11:00〜20:00

随時、排泄介助、コール・個別対応、見守りを行う
休憩は日勤リーダーの指示により適宜とること

	※申し送りファイルを読んでからフロア業務へ入る
11:00	**全体申し送り**
11:30	**レクリエーション（フロアへの移動）** ・経管栄養準備、昼食準備、排泄介助
12:00 12:30 13:30	**昼食** ・個別で昼食の配膳（食べたい方から）、フロア案内、排泄介助 ・昼食介助 ・配薬、口腔ケア介助、排泄介助→チェック表への記入を忘れずに！ ※下膳、洗い物、テーブル拭き ※早番または日勤の職員と連携して行う
14:00	・排泄介助、コール・個別対応、記録 ※空いた時間で洗濯物などの間接業務を行う
15:00 〜 17:30	**おやつ** ・おやつの配膳、おやつ介助 ・排泄介助、臥床介助、個別対応、記録 ※空いた時間で洗濯物などの間接業務を行う
17:00	夕食準備 ・椅子への移乗介助、離床介助、経管栄養準備
17:30 〜 20:00	**夕食** ・食事介助 ※夕食介助をしながらフロアの見守りを行う ・夕食介助後、夜勤者と連携を取りながら、配薬介助、移乗介助、口腔ケア介助を行う ・フロアの見守りを行いながら、食器洗い、テーブル・イスの水拭き、消毒、各曜日に行う消毒(歯ブラシ・コップ・ポット洗浄)をする ※最終食事量と配薬忘れが無いか、チェック表の記入を忘れずに **業務終了**

夜 勤

随時、排泄介助、コール・個別対応、見守りを行う
休憩は日勤リーダーの指示により適宜とること

	※申し送りファイルを読んでからフロア業務へ入る
16:00 〜 16:30	・夕刊を玄関より持ってくる ・居室準備（Pトイレ設置・シーツ確認など） ・物品確認（パット・オレンジタオルの準備）
16:30 〜 16:40	・日勤リーダーから夜勤者への申し送り ※基本的に日動リーダーのいるフロアで行う
16:45 〜 17:00	**全体夜勤申し送り** （夜動リーダー確認・利用者人数報告・特記事項報告）
17:00 〜	・離床介助、お茶出し ・配薬、口腔ケア、排泄介助、臥床介助
夜間	**夜間業務** ①利用者対応 ・起きてフロアにいるお年寄り（利用者） ・コール、訴えに対しての対応 ②体調不良者対応 ・バイタル確認 ・保温、冷却、補水、清拭（悩んだらリーダーへ連絡） ③服薬および朝食セット ・就薬、臨時薬投与（必ずダブルチェック） ・夕食後、就薬服薬確認 ・朝食薬セット ④排泄対応(個別対応) ⑤体位交換(基本体交チェック表確認) ⑥巡視(最低2時間以内) ⑦カルテ記入(最低20時・22時・0時・2時・4時) ⑧申し送り用のホワイトボード記入
朝業務	・起床時薬投与、バイタル測定 ・経管栄養準備・セット

起床	・起床介助
	・整容
	・おしぼり・お茶出し
	・居室清掃(ベットメイク・換気など)
朝食	・配膳、食事介助、服薬介助
	・口腔ケア、排泄介助
	・夜勤リーダーへ報告 (8:00~8:15)
最終業務	・申し送り(日動リーダーおよび看護リーダー)
	・カルテ記入
	・ゴミ集め、ゴミ出し
	・居室掃除 (Pトイレ掃除、シーツ・タンス・布団、床掃除など)

夜勤業務の詳細

○チェック表の記入および作成（排泄、入浴、口腔ケア、食事、シーツ、体位交換など）

○翌日の出勤者をホワイトボードに書き出す

○週割をホワイトボードに記入する

○食堂清掃

　・机、いすの整頓

　・洗い場清掃（三角コーナー、食器など）

　・おしぼりの準備→朝電源ON

　・ポットにお湯を準備

　・冷蔵庫の整理（氷の残量確認、スポーツドリンク・麦茶の交換）→22:00以降

○洗面所掃除

　・入れ歯確認

　・洗面台の掃除

○洗濯

　・浴室および汚物処理室の洗濯機内確認

　・乾燥機にかけ、洗濯物を干す

　・洗濯物をたたむ

○トイレ掃除

　・タオルの補充

　・床掃除

　・加湿器補水および居室タオルのセット

著者紹介

髙口光子（たかぐち みつこ）

元気がでる介護研究所 代表
介護アドバイザー
理学療法士・介護支援専門員・介護福祉士

●公式ホームページ

genki-kaigo.net

● Facebook

高知医療学院を卒業後、理学療法士として福岡の病院に勤務するも、老人医療の現実と矛盾を知り、より生活に密着した介護を求め、特別養護老人ホームに転職し、介護職として勤務する。介護部長、デイサービスセンター長、在宅部長を歴任した後、2002年4月に静岡の医療法人財団百葉の会、法人事務局企画教育推進室室長および生活リハビリ推進室室長を兼務するかたわら、介護アドバイザーとして全国を飛び回る。2006年に介護老人保健施設鶴舞乃城の開設・運営に携わり、翌年4月に看介護部長となる。2012年5月には新設の介護老人保健施設星のしずくの立ち上げに携わり看介護部長を兼任する。現場で若い運営スタッフやリーダー育成に取り組む一方で、講演、書籍の執筆、テレビ番組に出演し、等身大の発言・活動で現場を変革しようと精力的に日々を送る。
より自由な立場で「介護現場をよくしたい」という一念で、2022年4月「元気がでる介護研究所」を設立し代表となる。業務改善、人材育成などの研修・講演活動、介護相談・コンサルティングを継続している。
著書に、『認知症の人の心に届く、声のかけ方・接し方』（中央法規）、『「おひとりさまの老後」が危ない！介護の転換期に立ち向かう』（集英社新書）、『介護施設で死ぬということ』（講談社）などがある。

編集協力（50音順）

石井英寿：宅老所いしいさん家 代表
植 賀寿夫：デイサービスそうら 代表
小林敏志：宅老所はいこんちょ 代表
佐伯美智子：合同会社MUKU 代表
阪井由佳子：NPO法人にぎやか 理事長
坂野悠己：総合ケアセンター駒場苑 施設長

ここから、やってみて！
仕事が必ずうまくいく 介護リーダー7つの勘所

2024年9月1日　発行

著　者　　髙口光子
発行者　　荘村明彦
発行所　　中央法規出版株式会社
　　　　　〒110-0016　東京都台東区台東3-29-1　中央法規ビル
　　　　　Tel　03-6387-3196
　　　　　https://www.chuohoki.co.jp/
ブックデザイン　二ノ宮匡（ニクスインク）
本文・DTP　ホリウチミホ（ニクスインク）
イラスト　　大野文彰
印刷・製本　日経印刷株式会社

関連図書のご案内

「どうしよう！」
「困った！」場面で役に立つ
認知症の人の心に届く、声のかけ方・接し方

介護アドバイザー
髙口光子 著

定価　本体1,600円（税別）、A5判、192頁
ISBN978-4-8058-8880-3

認知症のある人の"思わぬ行動" 47事例を髙口流5ステップで解決！

認知症のお年寄りが、トイレの水で顔を洗っていたら⁉
口からわざと食べ物を吐き出していたら⁉
このような「どうしよう！」「困った！」という47の場面を取り上げて、
適切にかかわる方法を5ステップで示した認知症ケアの入門書

もくじ

声かけ場面がYouTubeで観られます！

 ケアきょう【介護職のためのチャンネル】